教育が変われば、社会が変わる

三菱グループの教育財団が本気で教育に取り組んで見えてきたこと

構成・執筆｜崎谷実穂

取材協力｜一般財団法人
三菱みらい育成財団

KADOKAWA

三菱みらい育成財団の日本の教育を変える取り組み 1

高校での探究活動の充実が、主体性を育てる

01

02

03

04

【01～03】福島県立葵高校「AIに代替されない生きる力の育成～課題探究活動『葵ゼミ』を通して～」(P152)

【01】1年生のロジカルシンキング講座・ワークショップ

【02】1年生の施設訪問研修後の情報共有

【03】2年生の保育フィールドワーク

【04～05】埼玉県立浦和高校「名門進学校ゆえの課題とは?～身近なテーマを探究し主体性を育てる～」(P142)

【04】OBによる進路講話

【05】1年次の「総合的な探究の時間」授業風景

07

06

09

08

11

10

【06〜07】宮崎県立宮崎東高校定時制夜間部「定時制の特徴を『強み』に変える〜生徒が生きがいを感じるための探究学習〜」（P130）
【06】東京大学梶谷真司教授による「哲学対話」
【07】岡本尚也氏による生徒へのアドバイス
【08〜11】徳島県立池田高校「地域の大人たちと生徒との連携が、生徒に地元の魅力を気づかせる〜阿波池田シビックプライド探究プロジェクト〜」（P162）
【08】ジオパーク班によるフィールドワーク
【09】世界農業遺産班による農具調査の様子
【10】観光班による古民家宿での調査の様子
【11】方言班による聞き取り調査の様子

05

学校以外の教育事業者によって、主体性を育てる

三菱みらい育成財団の日本の教育を変える取り組み 2

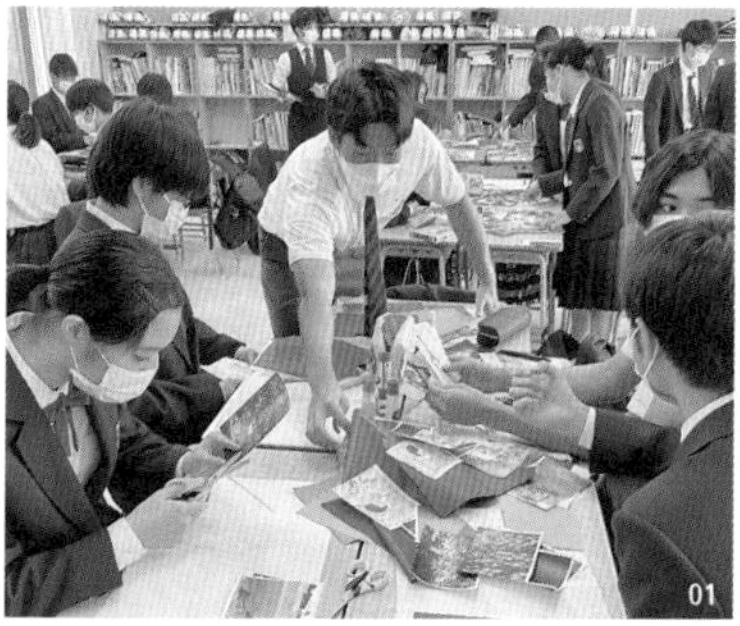

【01～03】株式会社 rokuyou「沖縄の風土に溶け込み地元企業と公立高校をつなぐ～生徒の目が輝きだす『肝心（ちむぐくる）』を育む探究学習～」（P188）
【01】生徒それぞれの興味関心を探るためのコラージュ制作の作業風景
【02】「つくってたべよう もぐもぐプロジェクト」のために、学校の敷地内で畑を耕している
【03】体育館に集い、インタビュー形式で自分の興味関心を深ぼるワークの途中

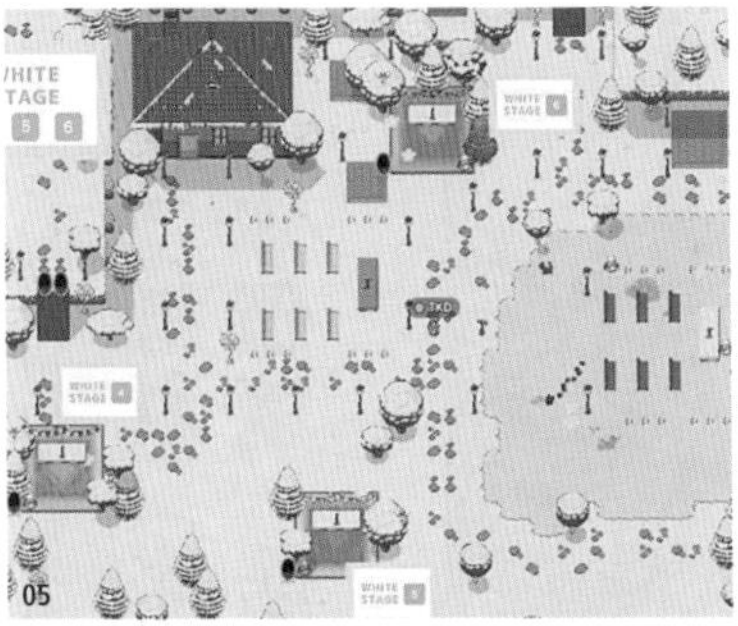

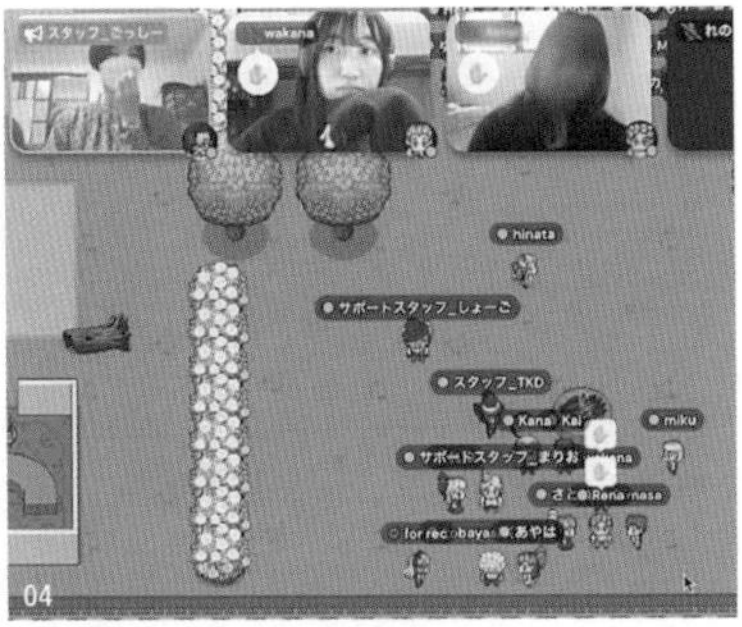

【04～05】一般社団法人ウィルドア「課外にある学びの資源を『選択・活用する力』を育てる～実践型のプログラム『willdoor』が次の行動を促す～」（P198）

【04】willdoor FORUM 実施中の様子。課外のプログラムや団体を上手く活用しながら自分なりの挑戦・体験を繰り返し、自分軸の学びを楽しんでいる先輩の話をオンラインで聞いている。参加者は話を聞きたい先輩を選び、その場所へアバターを動かし、話を聞いたり質問をしたりしている

【05】willdoor FES の会場。さまざまな特色ある会場を用意し、野外 FES のように楽しくワクワクする雰囲気を演出している。ステージが会場に設置され、そこで登壇者はプレゼンし、参加者は聞きたいステージへ移動し話を聞くことができる

【06～09】認定 NPO 法人日本ファンドレイジング協会「社会貢献の意識を高め実行する力を身につける～『寄付』を通して大人との協働機会を創出する～」（P206）

【06】～【08】東京都立両国高校での「総合的な探究の時間」の様子。寄付を行う先を決めていくための講義や議論をしている様子

【09 本プログラムを受講していない同級生に向け寄付先候補の NPO について発表し意見を聞く 1 コマ

三菱みらい育成財団の日本の教育を変える取り組み3

浮きこぼれ（突出した才能）を、伸ばす環境・居場所をつくる

01

02

03

【01～09】国立大学法人大阪大学「大阪大学の教育研究力を活かしたSEEDSプログラム～未来を導く傑出した人材発掘と早期育成～」（P224）

【01】大阪大学に一堂に会した、SEEDS プログラムでこれから活動を共にする高校生たち

【02】～【04】さまざまな国から来日している留学生と高校生が英語で積極的にコミュニケーションをとり、意見を交わす

【05】「めばえ道場」と名付けた科学技術に関わる高校生同士のディスカッションでは、大学生・大学院生がファシリテーターをつとめる
【06】～【07】大学教員の講義と質疑応答がそれに続く「めばえ道場」のディスカッションの種となる
【08】起業を目指す大学院生との交流
【09】大学の研究室を訪れて、高校生のうちから大学教員・大学院生の研究マインドにふれる

三菱みらい育成財団の日本の教育を変える取り組み 4

大学の教養教育を、21世紀型に変える

01

02

04

03

【01〜02】国立大学法人東北大学「『挑創カレッジ』と『学問論』で広がりのある学びを目指す〜時代にあった分野横断型リベラルアーツプログラム〜」（P238）
【01】「学問論」の TA がファシリテートするグループワークの様子。「学問」は知の創造であり、その「学び、問う」姿勢を身につけるためのカリキュラムとなっている
【02】現代的なリベラルアーツを学ぶ「挑創カレッジ」。「グローバルリーダー育成プログラム」で、留学生と日本人が英語環境で協働し、互いの文化の違いを発表している授業風景
【03〜04】神田外語大学「入学後の海外スタディ・ツアーで国際的な視点を持つ〜『グローバル・チャレンジ・ターム』で学び続ける体質に〜」（P245）
【03】旧市街を見下ろすヘブライ大学での集合写真。イスラエルの国立ヘブライ大学に学生を派遣し、ホロコーストのインパクトやイスラエル・パレスチナの歴史などを学んでいる
【04】マレーシアの先住民族の村での交流。かつての生活の面影を残しつつ、今は現代的な生活を営んでいる

三菱みらい育成財団の日本の教育を変える取り組み5

高校生・大学生の主体性を伸ばす教え手を育成する

01

02

04

03

【01～02】東京学芸大学「高等学校における授業及び教師教育モデルの開発・普及プロジェクト（高校探究プロジェクト）」（P253）

【01】高校探究プロジェクトの連携校で、年度はじめに全教員を対象に行ったワークショップ。教科ごとに分かれ、教科の授業を通して、「育てたい・目指したい生徒の姿」を考え、それをもとに、今年度の各教科の目標を設定した

【02】全国から集まった先生が、オンラインでワークショップの事後協議・省察（振り返り）などをしている様子。「探究的な学び」の実装化に向けて、教材開発・検討、授業案作成・検討、研究授業、事後協議・省察の4フェーズ・1サイクルからなる「授業研究ワークショップ」を教科別に実施している

【03～04】助成先交流会の様子（P258）

【03】2023年2月に実施されたオフライン交流会の様子。助成先の人々が集まり、グループワークを行い、意見を交わした

【04】交流会の集合写真。北は北海道、南は九州から、助成先が地域・組織の垣根をこえて集まった

三菱みらい育成財団の取り組みからわかった

日本の教育・社会の「課題」

- 地方の衰退
- 社会的格差の広がり
- 少子高齢化に伴う国力の低下
- 大学入試に縛られる
- お金のいきわたりにくい高校現場
- イノベーションの欠如
- 子どもの自己肯定感の低さ
- 子どもが様々なことを経験する機会の減少
- 子どもの失敗経験の少なさ
- 「心のエンジンを駆動」させる環境の不十分さ
- 「心のエンジンを駆動」させる機会の少なさ
- 子どもの主体性の足りなさ

三菱みらい育成財団の取り組みからわかった

日本の教育・社会の「解決策」

「心のエンジンの駆動」の好事例の横展開

生徒たちが学びあう仕組みをつくる

教員が「教える・指導する」ことを手放す

「生徒を否定しない」校内の風土づくりをする

教科学習や進路指導も含めた全面的な探究化

「本物」や「現場」とふれる接点を持つ

多様なカリキュラムを用意する

高校教育に対して、資金・リソースをより投入する

高校での「心のエンジンの駆動」にかかわる環境を整備する

◉これからの教育は「心のエンジンの駆動」が鍵

▼「心のエンジンの駆動」という定性的な概念を定量化して分析。この知見が、教育を変えるヒントになる。

三菱みらい育成財団は、若者が自ら主体的に考え、動くための力を身につけられるような教育プログラムを採択し、助成を行っている。

2020年から助成をスタートした財団は、助成開始以降も高校生の意識や学習に関する課題意識を持ちつつ、三菱UFJリサーチ&コンサルティング株式会社と協力しながら助成校への訪問を重ねてきた。

教員や生徒との対話では、生徒の「心のエンジンの駆動」がありありと伝わるエピソードの数々が生まれ、多くの気づきを得たという。

その調査・分析をもとに、図1のような仮説を立て、心のエンジンの駆動について構造化を行った。図2のような「興味・関心」「納得・承認」「行動・実践」のサイクルが回ることによって、持続的に心のエンジンが駆動し続けると考えている。本書のP92で解説する。

図1

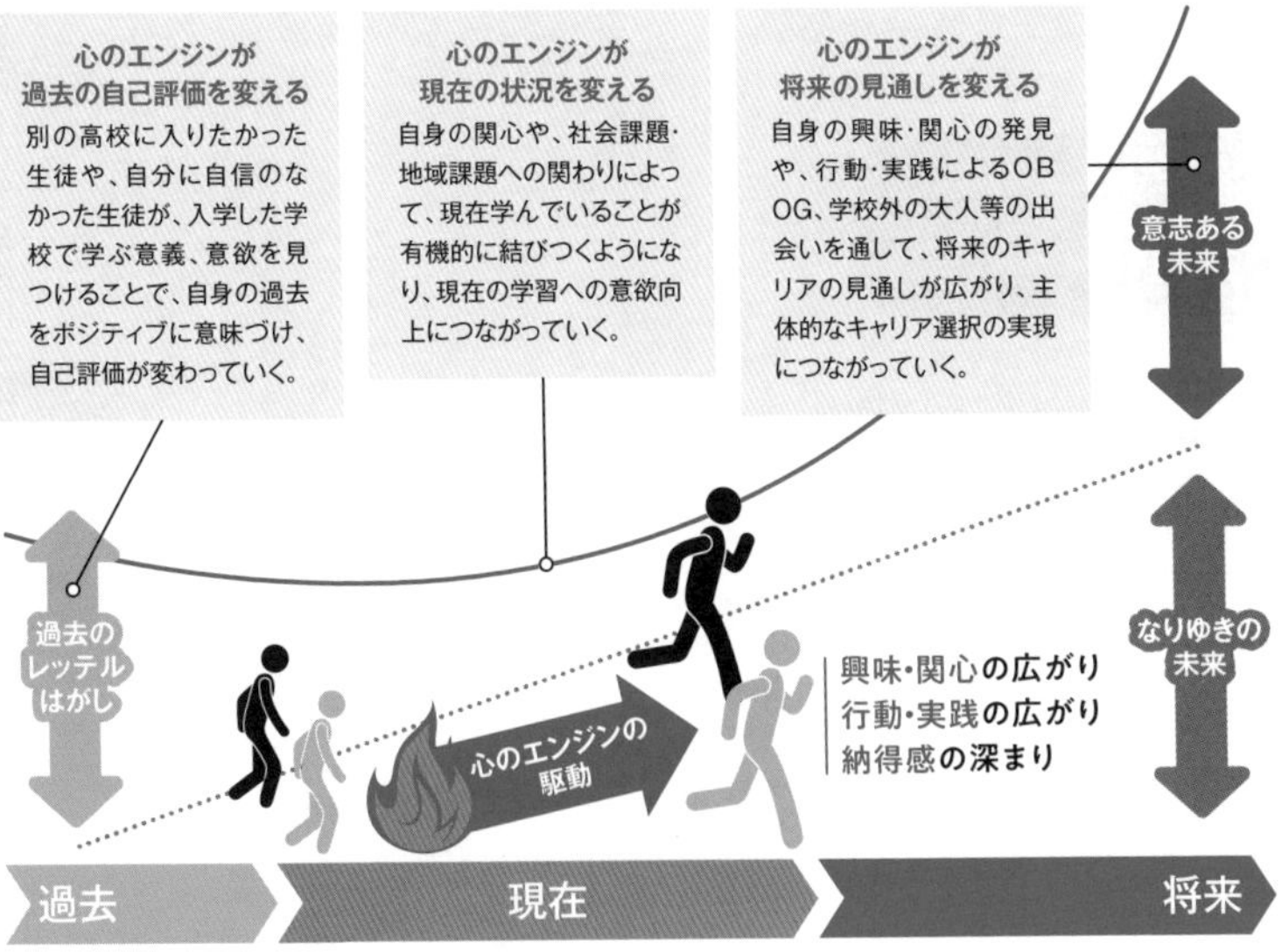
心のエンジンが
過去の自己評価を変える
別の高校に入りたかった生徒や、自分に自信のなかった生徒が、入学した学校で学ぶ意義、意欲を見つけることで、自身の過去をポジティブに意味づけ、自己評価が変わっていく。
心のエンジンが
現在の状況を変える
自身の関心や、社会課題・地域課題への関わりによって、現在学んでいることが有機的に結びつくようになり、現在の学習への意欲向上につながっていく。
心のエンジンが
将来の見通しを変える
自身の興味・関心の発見や、行動・実践によるOBOG、学校外の大人等の出会いを通して、将来のキャリアの見通しが広がり、主体的なキャリア選択の実現につながっていく。
意志ある
未来
過去の
レッテル
はがし
心のエンジンの
駆動
興味・関心の広がり
行動・実践の広がり
納得感の深まり
なりゆきの
未来
過去
現在
将来

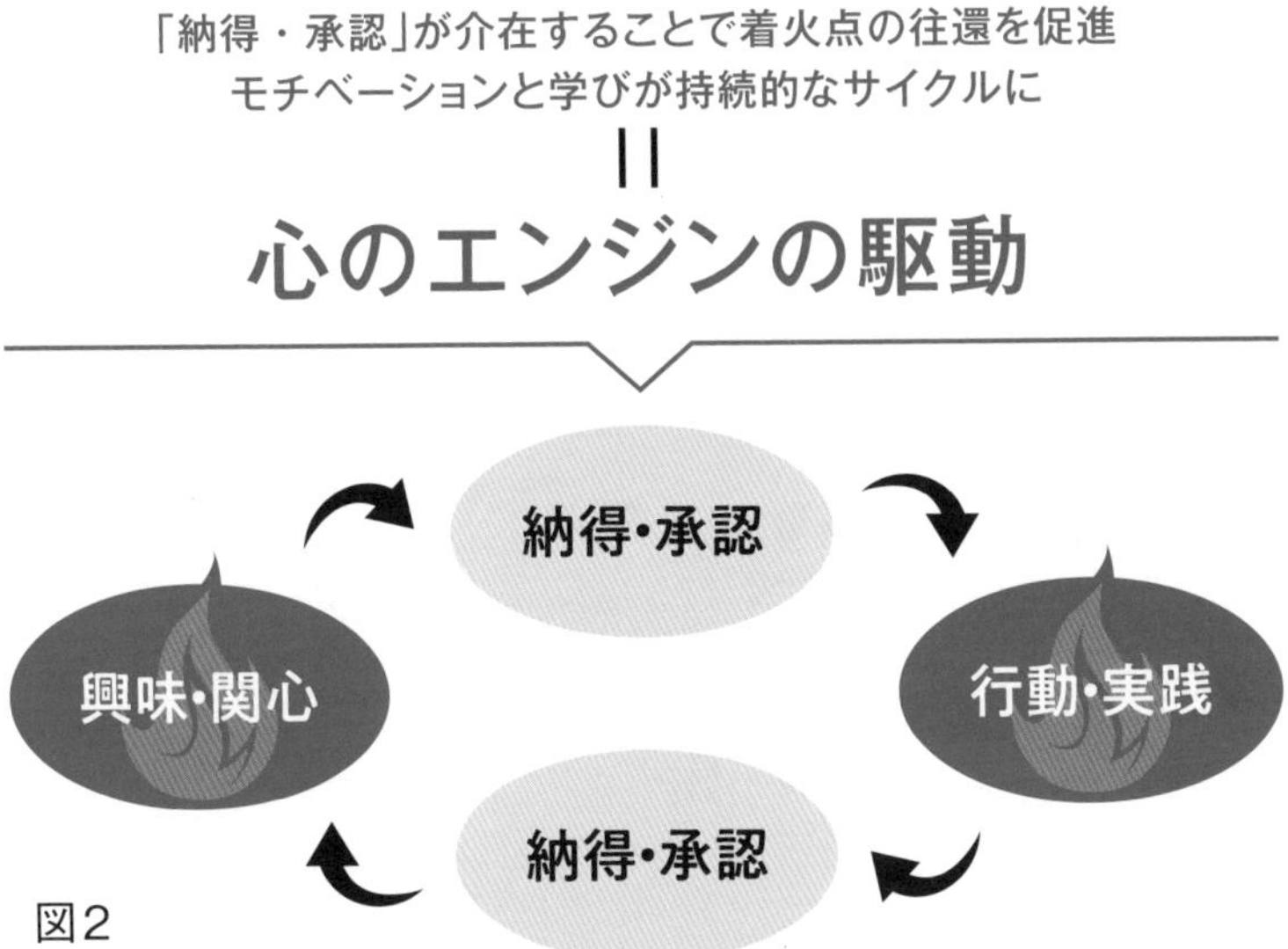
「納得・承認」が介在することで着火点の往還を促進
モチベーションと学びが持続的なサイクルに
||
心のエンジンの駆動
納得・承認
興味・関心
行動・実践
納得・承認

図2

◉三菱みらい育成財団の助成採択先一覧（2022年9月時点）

2020～22年度 採択案件 所在地マップ

●……カテゴリー1（高校）
●……カテゴリー1（高専）

※カテゴリー１　高等学校などが学校現場で実施する「心のエンジンを駆動させるプログラム」

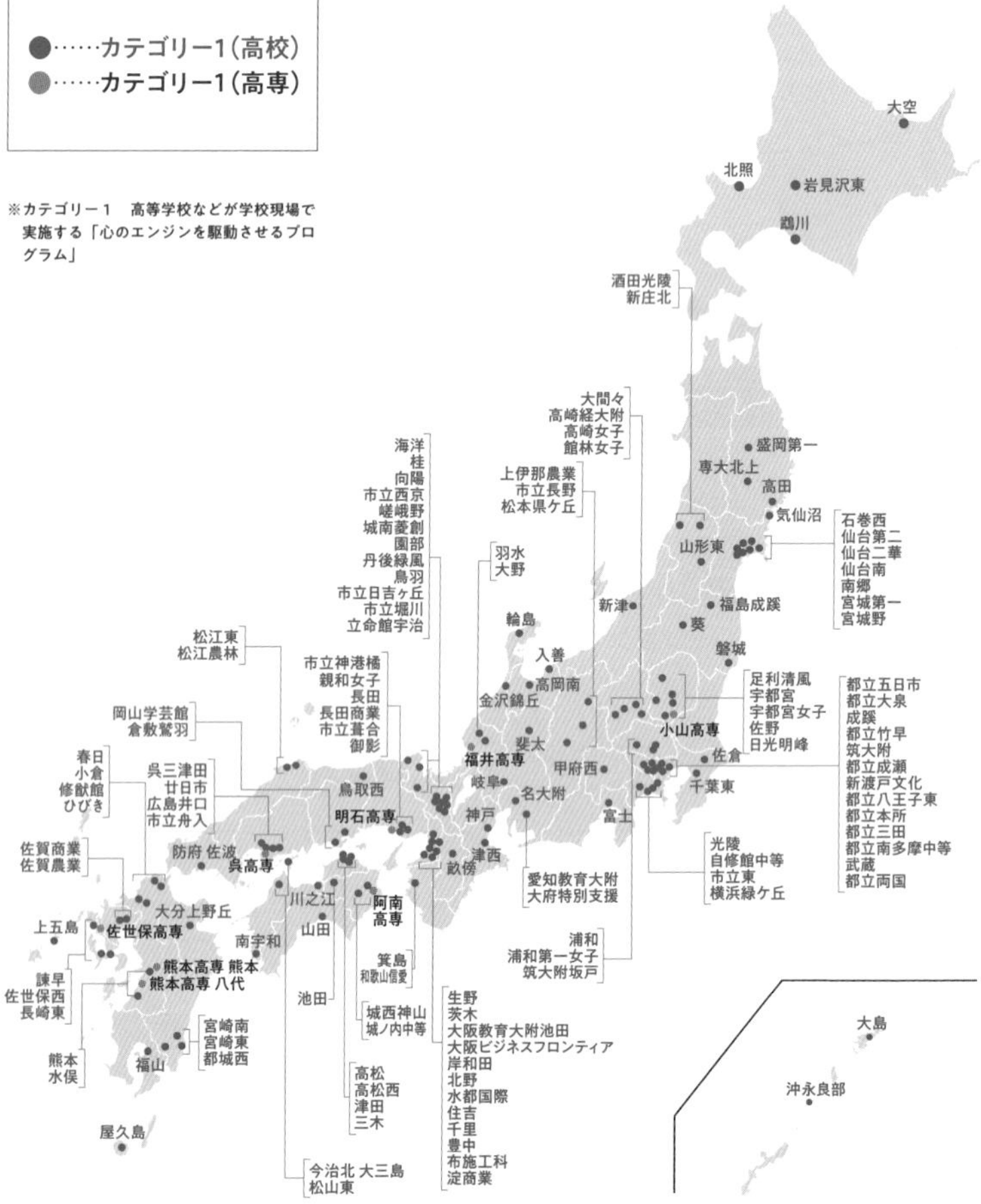

2020〜22年度
採択案件
所在地マップ

■……カテゴリー2
◆……カテゴリー3
▲……カテゴリー4
◉……カテゴリー5

※カテゴリー 2　教育事業者等が行うより先進的、特徴的、または効果的な「心のエンジンを駆動させるプログラム」
※カテゴリー 3　卓越した能力を持つ人材を、早期に発掘育成する「先端・異能発掘・育成プログラム」
※カテゴリー 4　大学・NPO 等で行う、「21世紀型 教養教育プログラム」
※カテゴリー 5　「主体的・協働的な学習（心のエンジンを駆動させる学習）を実践できる教員養成・指導者育成プログラム」

一般財団法人
三菱みらい育成財団

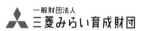

教育が変われば、社会が変わる

三菱グループの教育財団が
本気で教育に取り組んで見えてきたこと

はじめに

日本の教育の課題は、数十年も前から次のようにいわれてきた。

・知識偏重である
・正解主義である
・受動的で、自主性が育まれない
・考える力が育たない

教育に関心のある人であれば、何度も聞いたであろうこれらの課題は、根本的な解決にまで至っていないのが実情である。

こうした教育の問題は、経済の停滞と地続きでもある。マニュアルに沿って高品質な物を生産すれば社会が発展した時代は終わり、イノベーティブなビジネスが既存産業を壊していく時代となった今、「受動的」で「正解主義」の教育では国際社会から取り残されてしまう。

そんな中、教育現場で「こんな助成を待っていた!」と歓迎されている財団がある。2019年に設立された「一般財団法人 三菱みらい育成財団」だ。三菱みらい育成財団は、これらの課題を解決するために設立された財団だといえる。現在、高校や大学、教育関連の企業やNPOなど累計220団体(2022年9月時点)に助成をしている。

なぜ、この財団の助成が現場で歓迎されているのか。それは、授業などのプログラムを運営する教育活動そのものに助成をしているからだ。

大学などで行われている研究プロジェクトへの助成はさまざまな団体が行っているが、教育そのものを改善していくために必要な資金を助成する団体の数は少ない。その上で、公立高校はほとんど予算がつかず、生徒に充実した体験をさせるために苦労しているところが多い。そうした学校にとってはまさに、待望の存在だった。

三菱みらい育成財団の助成金は、公的な助成に比べて圧倒的に使い道が広い。助成開始後に状況に合わせて使途を変更することも容易だ。つまり、それぞれの現場で起きている問題を解決するにあたって、助成金が生きた使われ方をしている。

現場のニーズに即した助成をしているのには理由がある。それは、三菱みらい育成財団が本気で日本の教育を変えようとしているからだ。

三菱グループの経営者たちは、企業のトップとして、時代の変化とそれに伴う必須の資質・能力の変化を肌で感じてきた。今の日本が抱える、国力の低下やイノベーションの欠如の問題。これらの根底には、数十年以上変わらない教育があるのではないか。そう考えた結果、三菱グループは創業150周年記念事業として、教育に助成する財団の設立を決定した。

目標を「教育改革」に設定し、実地調査をもとにして、真に効果が出るような助成の内容・システムを構築しようとしている。現在は対象を15歳から20歳までと定め、公立・私立高校の授業プログラムをはじめとして、NPOや、企業などが行う教育プログラム、大学で行う教養教育、教員の養成までカテゴリーを分けて幅広く支援を行っている。

財団のコンセプトは「心のエンジンを駆動する」。若者が自ら主体的に考え、動くための力を身につけられるようなプログラムを採択し、助成しているのだ。

心のエンジンが駆動している人が増えれば、将来の日本はもっと活力に満ち、新しい産業が生まれてくる。ゴールまでの道のりは長いが、助成先と真摯に向き合い、財団は教育現場に一つずつ変化を起こし始めている。

本書は、三菱みらい育成財団の取り組みや調査から見えてきた、日本の教育の現状と課題、そして新しい教育の在り方について紹介する。なぜ、このような財団が設立されるに至ったのか。なぜ、15歳から20歳までの世代にフォーカスをあてる必要があるのか。関係者への取材をもとに、三菱みらい育成財団の取り組みの実態と展望を明らかにしていく。

第1章では、志と実行力を兼ね備えた財団がどのようにつくられていったのか、その過程について時系列で順に追っていく。

第2章では、15歳から20歳までの日本の教育にどのような問題があるのか、それらの解決につながる「探究学習」とは何か、そして「心のエンジンを駆動する」というコンセプトについて解説する。

第3章では、全国の高校への助成について、事例をまじえて説明していく。

第4章では、高校だけにとどまらず、15歳から20歳までの世代に向けた大学やN

POなどで行われる教育の現状を探る。
最終章では、学校や教育団体をネットワーク化していくプラットフォームの構想や、財団の将来的な取り組みについての展望を語っていく。

本書は、〝教育の最前線で今何が起きているか〟を伝えるとともに、〝教育のこれからがどう変わっていくのか〟を知る道しるべとなる。教育関係者はもちろん、子どもの学校選びに有益な情報を得たい保護者や、子どもとの関わり方を知りたい大人たち全般にとって、ヒントやアイデアが詰まっているだろう。
本書をきっかけに、財団の取り組みが多くの読者の目にとまり、「心のエンジンを駆動」させ、主体的に学び始める子どもたちが増えることを願ってやまない。

崎谷実穂

目次

埼玉県立浦和高校

名門進学校ゆえの課題とは？
～身近なテーマを探究し主体性を育てる～

20年前から総合的な探究の時間を導入
学びの枠を壊して「好きなこと」を追究させる
現役で活躍する「本気の大人」との交流が刺激になる

福島県立葵高校

AIに代替されない生きる力の育成
～課題探究活動「葵ゼミ」を通して～

「人間ならでは」の思考力の鍵とは
現状に合わせた試行錯誤
課題設定を促すコツは「好きにさせる」こと
大人の〝悪ノリ〟が生徒の心のエンジンの駆動を刺激することも
「自主性＝ほったらかし」ではない
助成金は教員たちを納得させる「後ろ盾」にもなる

第1章

前代未聞の財団がつくられるまで

How an Unprecedented Foundation Was Created

はじまりは「金曜会」だった

日本に住んでいる人であれば、誰しも一度は「三菱」を冠した会社名を耳にしたり、スリーダイヤの三菱マークを見たりしたことがあるだろう。三菱グループの起源は、1870(明治3)年に、岩崎《いわさき》彌太郎《やたろう》が海運事業の経営に着手したことにある。2020年は三菱が創業してちょうど150年目にあたる。この記念すべき年に向けて、三菱グループでは2017年から記念事業の企画が始まっていた。その方針確認の場となったのが「三菱金曜会」だ。

金曜会は、グループ企業26社(2022年当時)の会長や社長が一堂に会する懇談昼食会である。月に一度、金曜日に集まるためこの名前がついた。1954年に始まった歴史あるこの会では、社会貢献活動や三菱マークの取り扱いなどについての話し合いが行われている。そして、150周年記念といった特別なタイミングでは、その記念事業についても議論がなされる。

実際に記念事業を運営するのは、そのために組織された「三菱創業150周年記念事業委員会」(以下、150周年記念事業および150周年記念事業委員会)となるのだが、全体の大きな方針を決める話し合いは金曜会で行われていた。記念事業として何をするのか。大目的に据えるのは社会貢献だ、という認識は初期から全会一致しており、問題は何をするか、だった。グループ企業のトップたちが議論の前提としたのは、日本の社会問題だった。現代の課題を徹底的に洗い出すことから、なすべきことが見えてくる、と考えたのだ。

そもそも三菱グループは、創設時から「企業の生産活動が国民経済の根幹を支える」という考え方を持っていた。国家を支え、もり立てることを自らの使命とする、ということだ。そうした考え方を端的に表したのが、現在「三綱領」としてまとめられている経営の根本理念にある「所期奉公（期するところは社会への貢献）」という言葉だ。

三綱領はこれに「処事光明（フェアープレイに徹する）」「立業貿易（グローバルな視野で）」を加えて「三」としているが、一番大事な考え方はやはり「所期奉公」であると平野信行氏（三菱みらい育成財団理事長・以下、平野氏）はいう。

平野氏は当時、三菱ＵＦＪ銀行の代表取締役会長を務めており、金曜会をまとめる「世話人代表」の立場にあった。そして、１５０周年記念事業委員会の委員長でもあった。

「三菱グループの事業活動の究極の目的（「パーパス」）は社会への貢献です。時代によって変わる社会の課題に対し、ソリューションを提供する。それがグループ企業のミッションだという意識をみんな持っています。常にそうした行動を取れるとはいえず、社会的な信用を失墜するような不祥事を起こすこともある。しかし、そうした価値観を共有することが三菱グループ企業の条件だという意識があるのです」（平野氏）

日本社会の問題を挙げていくと、教育改革の必要性が見えてきた

グループ企業のトップたちは自由闊達《かったつ》に意見を出し、さまざまな課題を俎上《そじょう》に載せていった。経済の停滞やそれに派生する問題として、イノベーションが生まれないこと、新しい科学技術の研究で世界をリードする存在になれていないこと、グローバルな企業活動が活発に行われていないこと……こうした経済の問題については、「（三菱グループとして）自分たちにも責任の一端がある」という意見もあった。

「最初に大きく視野を広げて『何が現代社会の課題なのか』という論点からスタートしたのはよかったと思います。事業分野も経験も異なるそれぞれの参加者が自分

の想いや意見を存分に主張し、熱のこもった議論を続けました」(平野氏)

そして、解決すべき問題は大きく3つに集約されていった。少子高齢化とそれに伴う国力の低下、社会的格差の広がり、地方の衰退である。

これらを一気に解決する方法はあるのか。直接的ではないにせよ、1つだけある。それが、教育だ。

「VUCAの時代と呼ばれるこの不確定で一つの正解がない時代において、未来を切り開く人材を育てることで、複数の問題の解決につながるのではないか」――議論はこのような結論に向かっていった。この「VUCA」とは、「Volatility(変動性)」「Uncertainty(不確実性)」「Complexity(複雑性)」「Ambiguity(曖昧性)」の頭文字を並べた言葉で、現在の社会情勢を表して使われることが多い。

この議論に参加していた東京海上ホールディングス株式会社取締役会長の永野毅氏(以下、永野氏)によれば、「今の世界にはさまざまな問題があり、分断が深まっている。そうしたグローバル・アジェンダを解決するような人材が、これからの日本から出てくるのだろうか」という問題提起がなされ、さまざまな方向に議論が拡散した結果、最終的に次世代への期待に収斂《しゅうれん》されていったのだという。

「もちろん、ただ次世代に期待をするのではなく、今から我々にできることをやり、責任を果たしていかなければいけないという思いがあります。我々のやってきたことが、今の日本の問題につながっているわけですから」(永野氏)

参加者たちは、教育を変えることによって次世代一人ひとりの意欲や能力が高まれば、イノベーションの欠如などの問題を解決に導くことができ、地方の衰退や少子高齢化に伴う国力の低下に歯止めをかけられるのではないかと考えた。そうなれば、日本にもまた活力が生まれてくるに違いない。

「社長や会長に就任すると、社外との交流が増え、外から自分たちのことを客観視できるようになります。議論の参加者は、その中で自分たちを含む日本の企業、日本社会が大きな課題を抱えていることに気づいていた。それを解決するためには、既存の枠にとらわれることなく、自分の頭で考え行動する次世代の若者たちを育てなければならない。だからこそ、教育事業でいくということが承認されたのです」(平野氏)

そもそも三菱の祖である岩崎彌太郎こそ、明治期を代表するアントレプレナー

（起業家）といえるだろう。こうした人材を今の世に輩出するにはどうしたらいいのか。「型にはまったキャリアを歩もうとするのではなく、もっと自由な発想で革新をもたらす人材が必要だ」という企業のトップとして常日頃から持っていた問題意識。それが、次世代の教育を変える、という発想につながっていった。

次世代を担う人材を育成する。そのために、金曜会に参加するグループ各社から計100億を集める。活動期間は10年。一隅を照らすだけではなく、一定のスケール感を持って社会的なインパクトのある事業をつくっていく。こうした大枠が2018年10月に決定した。財団の設立まであと1年である。

効果的な助成とは何か、60人を超えるヒアリングから探る

2019年4月に実務を担う事務局のメンバーが集められた。最初に着任したのは常務理事を務める藤田潔氏（以下、藤田氏）だ。三菱商事に入社して以来、人事部のキャリアが長く、人事部長を務めた経験もある。社員の採用、育成に知見があると見なされ、この教育事業に呼ばれた。

もうひとりが、2019年5月に入った佐藤雅彦氏（以下、佐藤氏）だった。佐藤氏は三菱UFJ銀行で、人事部の採用担当や外国為替の事務部門の教育責任者を

務めていたこともある。
「150周年記念、しかも次世代の人材を育成するという事業に携われるのは、名誉なことだと思いました。異動には少し驚きましたが、うれしかったですね」（佐藤氏）

三菱重工業などからのメンバーも含めて、事務局の体制が決まった。ここからいよいよ、金曜会および150周年記念事業委員会によってつくられた理想を具体化するための財団創設に向けたフェーズに入ることになった。

まず、教育の現状に関するリサーチが必要だと考えた藤田氏は、2019年4月に有識者へのヒアリングを始める。最初に相談したのは、これから主流となるであろう学習方法、アクティブラーニング研究の第一人者だった。そのヒアリングを皮切りに、教育の現状、課題、三菱グループが教育に助成するならばどこにフォーカスしたらいいのか、ということを教育関係者に聞いて回った。

紹介からアポイントを取ることもあったが、大学などの問い合わせ窓口を通じて一からコンタクトを試みることも少なくなかった。藤田氏は当時を振り返り、「60歳を目の前にして、新人の営業担当のようにとにかく未知の分野に飛び込みました」と笑う。

教育学者、大学の総長、文部科学省の官僚、大学受験情報のメディアに携わる編集者、高校の校長、教育委員会の関係者……最終的には60人を超える有識者たちのもとへ足を運んだ。

当初考えられていた助成は、教育系の団体に３０００万、５０００万といった大規模でまとまった資金を投じるという内容であった。しかし、類似の助成がいくつも存在する中で、これまで教育が変わってこなかったとすると、それが必ずしも効果を生むわけではないような気がしてきた。初期の頃は助成プランに対して、「流行りの言葉を並べてあるだけ」「よくある助成」といった厳しい言葉をもらうこともあったという。

１５０周年の記念事業とはいえ、上辺だけの社会貢献活動では意味がない。金曜会で話し合われた日本の課題を解決するための教育改革、それを実現するために何をすればいいのか。これまでと変わらない「よくある教育財団」では目標にたどり着くことができない。真に効果的な助成とは何かを探るため、藤田氏はリサーチを続けた。

鍵は高校世代、そして「心のエンジンの駆動」

２０１９年のゴールデンウィーク明け、藤田氏は東京大学および慶應義塾大学教授であり、前文部科学大臣補佐官の鈴木寛氏（以下、鈴木氏）へヒアリングを行った。

鈴木氏は文部科学大臣補佐官であった頃に、高校の学習指導要領改訂や「高大接続改革」を推進していた。高大接続改革とは、従来のように知識・技能だけを評価するのではなく、思考力、判断力、表現力、そして主体性を持って多様な人々と協働して学ぶ態度を育成・評価することが重要であるとし、高校教育でこれらの素地をつくり、大学教育でさらに伸長を図るという教育改革を指す。鈴木氏は大学入試についても知識を問うだけでなく、多面的・総合的な評価を推し進める必要性を感じていた。

「中学校までの義務教育には国の手厚いサポートがあるが、高校教育は国が学習指導要領をつくるだけで、基本的には都道府県の教育委員会が主体となる。文部科学省に高校の担当の課は置かれていない」（鈴木氏）

教育関係者以外にはあまり知られていないことだが、文部科学省には高校の担当課は存在せず、教育委員会に丸投げの状態なのだ。同時期にヒアリングを行った文部科学省の関係者からも、「時代に合った人材を育成するためには、高校教育の〝質〟の転換」が必要だという話を聞いた。藤田氏はここで、高校から大学にかけての時期の教育に課題がある、という知見を得ることになった。

現在の財団が「15歳から20歳まで（高校生＋大学1、2年生）」という世代にフォーカスすることにした決め手はここにある。藤田氏は、5月以降は高校と大学の教育にフォーカスし、高校の校長や教育関係者などに重点的に話を聞きに行った。

ヒアリングを続ける中で「心のエンジンを駆動する」というコンセプトが生まれるきっかけがあった。法政大学キャリアデザイン学部の児美川孝一郎教授との会話で「心のエンジン」というワードが出てきたのである。

「高校時代に自分の将来に向けて心のエンジンが回っている子は大丈夫。しかし、現実にはエンジンが駆動していない子が7、8割。そうした子たちはよい子ではあるが受動的。ネックになっているのは大学入試対策に主眼をおいてしまっている高校教育である」。この話を聞いた藤田氏は足掛かりを得た。それ以降、「心のエンジンを駆動させるプログラム」という言葉を各所で提示してみるようにした。すると、多くの有識者から「それはいい」という反応が返ってきたのである。

好反応を示したひとりが、埼玉県立浦和高校、私立武蔵高校と有名進学校の校長を歴任している杉山剛士氏（以下、杉山氏）だ。「将来に向けて心のエンジンを駆動させる」という言葉と同じ意味で、杉山氏は生徒に「人生の構想力を持て」と伝えてきたという。やりたいことを見つけ、そのために何をすればよいのか、それを通じて何に貢献していくのか、将来の構想を策定していくことが大事なのだ、と。

高校教育の有識者として、ヒアリングやコメントの依頼を受けることが多くあった杉山氏だが、「この財団は他と少し違う」と感じたという。

「話を聞きに来る方の中には、教育を『手段』として語る方もいます。例えば、ビジネスとして利益を上げるための『手段』に教育を使う、と。でも、それはいずれ無理がくるんです。教育は、それ自体が『目的』でなければならない。三菱さんからは、日本の教育そのものを良くしていきたいという志を感じました」（杉山氏）

杉山氏の問題意識として、日本はＯＥＣＤ（経済協力開発機構）諸国の中でも、教育への公的支出がＧＤＰ割合で２・９％であり、比較可能なＯＥＣＤ加盟38カ国中37位と低いことが頭にあった。

「『教育を変えろ』という人はたくさんいますが、実際にお金を出す人はほとんどいない。この状況下で、三菱グループが教育財団を設立し教育に助成をすることは、社会として教育という営みをリスペクトするメッセージになると思いました。まさに、未来への投資になると感じたんです」（杉山氏）

同じような意見を持つ人物がもう1人いた。東京都立八王子東高校統括校長で、全国高等学校長協会会長を務めた経験もある宮本久也氏（以下、宮本氏）だ。「教育の分野は、これまでどちらかといえば国任せだった。財団の活動をきっかけにして、日本の教育システムを変えていこうという本気度が伝わってきました。助成金額を含めたスケールの大きさといい、異色と感じましたね」と語っている。宮本氏は、のちの2022年から、財団のアドバイザリーボード委員に加わることになる。

探究学習で子どもたちが変わる？

鈴木寛氏からは2022年の学習指導要領改訂において、子どもたちに必要な力を「知識及び技能」「学びに向かう力、人間性など」「思考力、判断力、表現力など」

の3つの柱として整理したという説明があった。それらの力を養うために「総合的な探究の時間」が必修となったのが、今回の改訂の大きなポイントである。

「総合的な探究の時間」という言葉は、多くの読者、特に高校生の保護者世代にとって、聞き慣れないものかもしれない。「総合的な探究の時間」は2017・2018・2019年の学習指導要領の改訂で高校に導入された、新しい授業だ。

これは教科や科目の枠を超えた横断的・総合的な学びの時間のことで、特定の教科の枠にとらわれず、生徒たち自身が主体的に課題を設定して学習を行い、成果や研究結果を発表することを狙いとしている。座学で知識を教え込まれるだけではなく、主体的・対話的で深い学びを実現するアクティブラーニングを取り入れようというのだ。

ただし、「書面上のカリキュラムは変えられるけれど、現場で教員の皆さんがそれを実行できるかどうかはまた別の問題。探究学習で生徒が期待されている能力を身につけられるよう、外部からの後押しが必要だ」と鈴木氏はいう。

探究学習の目的は、変化の激しい社会で探究的な見方・考え方を働かせ、子どもたちに「答えのない問いに向き合わせる」ことだとされている。

探究の時間では、外部講師を招聘して講演してもらう、さまざまな現場で調査をする、といった通常の授業とは違った学習も行うことができるが、実施するには資金が必要になる。しかし、国から支援金が出ることはない。

財団事務局のメンバーは、「それならば、心のエンジンを駆動させるという目標を達成するためにも、この『探究学習』を支援することが効果的ではないか」と考えた。

「総合的な探究の時間」の標準単位数は3から6。2単位まで減らすことが可能ではあるが、必履修科目として指定されている。新高等学校学習指導要領は2019年度から一部を移行措置として先行して実施し、2022年度から年次進行で実施されている。


藤田氏は7月頃から首都圏を中心に、大阪や京都の教育委員会の指導主事にも、挨拶を兼ねて探究学習への助成についての感触を確かめに行った。すると、どの学校からも「それはありがたい」「ぜひお願いします」と歓迎された。

現場の話を聞くと、高校、特に公立高校にはほとんど予算が回ってきていないという。新しく、効果的であると考えられる教育を行おうにも、元手がないような状態なのだ。当初のプランでは高校への助成は考えられていなかったため、藤田氏は

150周年記念事業委員会に対して計画を一部変更する提案を行うことになった。

途中から事務局メンバーとして入った高橋義之（以下、高橋氏）は、財団に来るまで企業の本社で総務部門の1人として、会社の予算に関わっていたこともあり、公立高校の予算の少なさに驚いたという。

「助成先である山口県の過疎地域にある分校に訪問したら、助成金の100万円でいろいろなことができると本当に喜んでくださっていたんです。公立高校の可能性は、100万円、200万円というお金で大きく広がるのだと感じました」（高橋氏）

助成のカテゴリー、初年度は3つから

2019年10月、ついに記念事業の教育助成を行う財団が設立された。名前は、「三菱みらい育成財団」に決まった。東京工業大学名誉教授の赤堀侃司氏や、昭和女子大学の理事長兼総長である坂東眞理子氏（以下、坂東氏）、三菱グループの執行役員などからなる理事会、元慶應義塾長で独立行政法人日本学術振興会顧問の安西祐一郎氏（以下、安西氏）や前法政大学総長の田中優子氏（以下、田中氏）、前述の東京海上ホールディングス株式会社取締役会長の永野氏などからなる評議員会が設置された。

そして、アドバイザリーボード委員として鈴木氏らが就任した。また金曜会の世話人代表であり、150周年記念事業委員会の委員長だった平野氏は、財団の理事長となった。この事業に携わるまではメガバンクの頭取・会長として金融業界の最前線にいた平野氏だが、現在の教育の課題を学び、少しでもその課題の解決につながることができればという想いで、理事長を引き受けることにした。

10月から12月までは、第1期（2020〜2022年度）をどういった方針で、具体的にどういう条件で助成の募集を行うか、といった内容を詰めていった。

初年度は、高等学校などが学校現場で実施する「心のエンジンを駆動させるプログラム」に助成するカテゴリー1、教育事業者等が行うより先進的、特徴的、効果的な「心のエンジンを駆動させるプログラム」に助成するカテゴリー2、卓越した能力を持つ人材を早期に発掘育成する「先端・異能発掘・育成プログラム」に助成するカテゴリー3、この3つのカテゴリーの募集を行うことにした。

カテゴリー3の卓越した能力を持つ人材を早期に発掘育成する「先端・異能発掘・育成プログラム」への助成のベースにある問題意識は、日本の教育の画一性であった。1人の教員が30人から40人の生徒を教えるという従来の授業形式では、飛び抜けて理解が早い子の能力を伸ばすことはできない。また、学校の授業の範囲外で能力を発揮している子もフォローされない懸念がある。

「現在の教育において取り残されているのは、落ちこぼれだけでなく、能力が高いゆえに平均から外れてしまっている〝浮きこぼれ〟の子たちもそう。国の制度では全体的に目配りをしなければいけないため、こうした子たちを発見し、能力を育てるのは民間の事業の役目ではないか」(坂東氏)

これからの日本を担う人材の育成、という当初の目的に沿って考えれば、グローバルに活躍する優秀な人材の芽を見つけ、育てていくことも必要だ。イノベーションを起こす起業家が生まれる土壌をつくりたい——こうした意識を財団のトップたちは持っていた。

財団の構想時から、大学・NPO等で行う、「21世紀型 教養教育プログラム」に助成するカテゴリー4、「主体的・協働的な学習 (心のエンジンを駆動させる学習)を実践できる教員養成・指導者育成プログラム」に助成するカテゴリー5も視野に入れていたが、なにしろ三菱グループにとっては初めての教育関連の助成事業であり、さらに実質的な財団事務局のメンバーは4人という状況だった。したがって初

▼三菱みらい育成財団の助成カテゴリー一覧

カテゴリー1	概要	高等学校などが学校現場で実施する「心のエンジンを駆動させるプログラム」
	主な対象	高校の総合的な探究の時間などで行われる、学校主体のプログラム
	本書で扱う例	宮崎県立宮崎東高校定時制夜間部(→ P130)、埼玉県立浦和高校(→ P142)、福島県立葵高校(→ P152)、徳島県立池田高校(→ P162)など
カテゴリー2	概要	教育事業者等が行うより先進的、特徴的、または効果的な「心のエンジンを駆動させるプログラム」
	主な対象	学校外または学校内で行われるプログラム、もしくは広く参加者を募って成果を競い合うコンテスト
	本書で扱う例	株式会社 rokuyou(→ P188)、一般社団法人ウィルドア(→ P198)、認定 NPO 法人日本ファンドレイジング協会(→ P206)など
カテゴリー3	概要	卓越した能力を持つ人材を、早期に発掘育成する「先端・異能発掘・育成プログラム」
	主な対象	先端科学の研究開発、グローバル・ビジネスなどの領域で、大学・研究機関が主体のプログラム
	本書で扱う例	国立大学法人大阪大学(→ P224)など
カテゴリー4	概要	大学・NPO 等で行う、「21 世紀型 教養教育プログラム」
	主な対象	「正解のない問い」に取り組む力を育成する、大学や NPO が主体となる教育プログラム
	本書で扱う例	国立大学法人東北大学(→ P238)、神田外語大学(→ P245)など
カテゴリー5	概要	「主体的・協働的な学習(心のエンジンを駆動させる学習)を実践できる教員養成・指導者育成プログラム」
	主な対象	大学・NPO 等で行う、高校教員や指導者を対象としたプログラム
	本書で扱う例	国立大学法人東京学芸大学(→ P253)、一般社団法人ティーチャーズ・イニシアティブ(→ P254)など

年度はカテゴリー1から3に絞って、まずはスタートすることにした。

募集要項の内容を確定させていく業務と並行し、事務局メンバーは全国の高校の校長を訪ねた。助成の告知を兼ね、よりよくしていくにはどうすればいいか意見を求めるなど、プレマーケティング的な聞き取りも実施した。

校長たちから話を聞いてわかったのは、高校と一口にいっても、その教育内容は学校によって多種多様であるということだ。高校生のうちから論文を書かせる高校、バラエティに富んだOBOGを講師として招いてモチベーションアップを図っている中高一貫校、授業に演劇を取り入れている高校、政治家や学者などを呼んで討論会をする高校……高校によってさまざまな取り組みが行われていた。

その中で、探究学習を早くから取り入れている学校では主体性のある生徒が育っているという感覚も得た。私立高校や超進学校は学習指導要領よりも進学実績を重んじているように見える、中堅の高校で学校を改革したいと考えているところは探究に力を入れているようだ、など各高校によって方針や抱える課題がさまざまであることも実感した。

京都市立堀川高校元校長として早くから「課題探究型の学習」を導入し、現在は独立行政法人教職員支援機構理事長である荒瀬克己氏（以下、荒瀬氏）は、この財団の助成に似たアイデアを20年ほど前から持っていたという。

「麻生内閣の経済財政担当大臣だった与謝野馨氏に、緊急財政出動で何をすべきか問われた時、『公立の学校はお金がない。学校に100万円ずつ出すだけで、ずいぶん学校が元気になり、教育が変わります』と提案したことがあるんです。その案は流れてしまったけれど、藤田さんが京都に来て財団の話を聞いたら、なんと、全国の高校への助成を考えているというじゃないですか。考えていたアイデアが実現するのか、とうれしくなりました」（荒瀬氏）

荒瀬氏はその後、カテゴリー1の助成の選考委員に就任することとなる。

足で稼いだ応募数、そして初年度の助成がスタート

2020年2月24日には各カテゴリーの募集をスタートした。募集といっても、リリースを出して手をこまねいているだけでは各学校、事業者に届かない。ダイレクトメールも発送したものの、読んでもらえているかわからない。そこで、事務局メンバーはここでも丹念に現場へ足を運んだ。

初年度は、25の都道府県の教育委員会と校長会を取り仕切る校長に、電話やFAXで約束を取りつけて会いに行った。藤田氏は都道府県内の高校の校長が集まる幹事会に出席し、千葉、埼玉、東京、神奈川、大阪で、何十人も並ぶ前で助成の説明をした。

「校長会の会長を務める校長先生には必ず会いに行きました。そういった先生は、都道府県の教育界での影響力が大きく、たくさんの先生とつながっているんです。発言力もある。だからその先生に『この財団の取り組みは価値がある』と思ってもらえると、そこからたくさんの学校に伝わっていきます」（藤田氏）

結果的には、やはり足を運んだ都道府県からの応募が多かった。DMやチラシだけではなく、直接、熱意を込めて話をするのが応募意欲の喚起につながったのだろう。

カテゴリー2の教育事業者等が行うより先進的、特徴的、効果的な「心のエンジンを駆動させるプログラム」への助成を担当する佐藤氏は、財団の活動周知のために教育事業者のもとを訪れた。教育事業者とは、株式会社や一般社団法人、特定非営利活動法人などで教育活動を行う団体を指している。その団体自体が場を用意している場合もあれば、出張授業のように学校内で行うプログラムをその団体が運営する場合もある。

また、高校生を対象としたコンテストも助成の対象となっている。有名な例として、認定特定非営利活動法人カタリバが事務局を担う、探究活動に取り組む高校生が発表と対話を通し学び合う「全国高校生マイプロジェクトアワード」がある。

教育事業者について調べた佐藤氏は、小学生、中学生対象の事業者は多いが、15歳から20歳までの世代を対象とする事業者はあまりいないということに気づいた。この世代を助成する財団も少なければ、対象とする教育事業者も少ない。しかし、少ないながらも、活動している事業者は、熱意のある人たちばかりだった。

「この領域には教育を変革するという熱意を持ち、有名企業を辞めてでも教育に関わりたいという人が新しく参入しているということがわかりました。教育事業者の方々と話していると尊敬の念を抱くことも多く、教育に対する想いが大事なのだ、と改めて実感しました」（佐藤氏）

応募締め切りの2週間前までは、思うように数が伸びずにやきもきしたものの、10日前あたりから数字が伸びてきた。最終的に初年度はカテゴリー1の高等学校などが学校現場で実施する「心のエンジンを駆動させるプログラム」への助成に117件、カテゴリー2の教育事業者等が行うより先進的、特徴的、効果的な「心のエンジンを駆動させるプログラム」への助成に114件、カテゴリー3の卓越した能力を持つ人材を早期に発掘育成する「先端・異能発掘・育成プログラム」への助成に20件の応募があった。

カテゴリー1の応募のほとんどが公立校であった。カテゴリー1と2の応募が100件を超えたことで、事務局メンバーは胸を撫で下ろした。

4月から5月にかけて、カテゴリーごとに選考委員による審査が行われた。一次は書類審査、二次で面接という予定であったが、予期せぬ事態が発生する。新型コロナウイルスの感染拡大である。ちょうど選考を進めている頃に日本でも感染が広がってきており、4月7日には7都道府県、4月16日には全国に緊急事態宣言が出された。そのため、面接は当初の予定を変更し、やむを得ずオンラインでの実施となった。

審査の結果、カテゴリー1では51件、カテゴリー2では10件、カテゴリー3では

5件が採択され、7月上旬には助成金の振り込みが行われた。

新型コロナウイルスの感染拡大は続いたが、財団メンバーは助成先をできる限り訪問し、フォローアップしていった。助成先同士の交流会も、オンラインで開催した。11月には三菱創業150周年記念式典が行われ、助成先の代表者が報告を行う一幕もあった。

2021年度に向けて、事務局のメンバーは初年度の募集時に回れなかった県などに足を運び、カテゴリー2への助成については、初年度落選した先にもう一度話を聞きに行くなどした。

「初年度は、助成の存在に気がついてから締切までの時間が短くて、ぎりぎりで書類を提出した、という事業者さんもいたのです。選考の際に書面では読み取れなくても、会ってお話を聞くと、落選した中にもいいものがたくさんあったことを知りました。ですから、落選となった方に『また応募してみてください』とこちらから伝えたこともあります」(佐藤氏)

メンバーのこうしたフォローにより、2021年度の応募数は、カテゴリー1、2、3は前年度の水準を維持、そして新たに追加したカテゴリー4の大学・NPO

等で行う、「21世紀型 教養教育プログラム」への助成は44件、カテゴリー5の「主体的・協働的な学習（心のエンジンを駆動させる学習）を実践できる教員養成・指導者育成プログラム」への助成は16件の応募があった。最も応募数が多いカテゴリー1の高等学校などが学校現場で実施する「心のエンジンを駆動させるプログラム」への助成については、応募のない県が数県にまで減り、ほぼ全国に助成先のネットワークができることとなった。

新型コロナウイルスの感染拡大という想定外の事態はあったものの、ひとまず順調な滑り出しとなった三菱みらい育成財団。年を追うごとに助成先は増え、2023年現在は助成先同士のネットワークも生まれてきているという。日本の教育を変えるうねりが、次第に大きくなってきている。

関係者への取材から見えてきた、三菱みらい育成財団の取り組みの特徴

本書を執筆するにあたり、数十名の有識者や関係者への取材を行った。その中でたびたび聞かれたのが「三菱みらい育成財団は前例にない財団だ」という声だった。本稿では、関係者への取材から見えてきた財団の特徴を7つのポイントに整理した。

1．助成ではなく、教育を変えることを目的としている

「日本の教育を変える」という大目標を持っていることは、この財団の独自性である。評議員を務める東京海上ホールディングス株式会社取締役会長の永野毅氏からは、「教育界に一石を投じる取り組みにしていかないと、総事業費100億円は無駄になる」という発言があった。この財団が、ただ助成をするだけでは意味がない

と認識していることがわかるだろう。

認定特定非営利活動法人日本ファンドレイジング協会代表理事の鵜尾雅隆氏（以下、鵜尾氏）は「仕事柄さまざまな企業が設立した財団と付き合いがあるが、大半は助成金を出すだけにとどまっている」という。

「三菱みらい育成財団には、単なるＣＳＲ（Corporate Social Responsibility／企業の社会的責任）の範囲を超えて、教育のシステムを改善していきたいという意志を感じました」（鵜尾氏）

入試改革をリードした経験のある評議員の安西祐一郎氏は、「民間だからこそできることがある」とその活動を評価した。

「本来は国が教育を変えていかなければいけない。けれども、国が教育を改革するのは立場上難しいものがあります。あちらを立てればこちらが立たずといいますか、平等の観点からどこか一部だけをよくしていくわけにはいかないからです。その点、民間の財団であれば、その財団が目標として掲げるものにフォーカスすることができると感じました」（安西氏）

2. 10年という期限を設けている

三菱みらい育成財団は、設立された当初から活動期間を10年としている。その理由について評議員の永野毅氏は「支援し続けるのではなく、この10年で学校や教育事業者が自走できる仕組みをつくる方が永続的だから」と説明している。10年間で教育をどれだけ変革できるのか。財団側は、常に切迫感を持って事業を運営することになる。

評議員の田中氏はこの10年という期限を設けたことを評価している。「10年後には財団がなくなる。そう考えると、自分たちはどこまで支援し、財団がなくなった後はどのようにこの活動の芽が花開いていけるようにするか、継承について意識するようになる。そこに意味があるのです」（田中氏）

3. 助成金の使い道の自由度が高い

さらに、政府の助成や補助は公平に執行することが重要であり、客観性を担保するための書類や手続が煩雑であった、と振り返る。また、年度ごとに助成金の使途が細部までチェックされ、コントロールされる。「助成金というのはそういうもの」

というイメージがあるかもしれないが、三菱みらい育成財団の助成は違う。

財団理事の坂東眞理子氏が感じた政府系の助成事業と三菱みらい育成財団の助成の違い。その一つが、「資金の使い道は、できるだけ助成先の自主性に任せる」という方針だったという。それには、財団の藤田氏がヒアリングで聞いた現場の声が影響している。

第1章で、高校教育につく予算が少ないという点を指摘したが、ゼロではない。例えば、2014年度から2021年度にかけて文部科学省が実施した「スーパーグローバルハイスクール」制度がある。国際的に活躍する人材育成を行う高校を指定し、指定期間には上限1600万の支援が受けられた。同様の制度として、理科・数学教育を重点的に行う高校を指定する「スーパーサイエンスハイスクール」制度もある。

これらの制度は文部科学省が各都道府県の教育委員会に学校を推薦させ、指定を受けた場合の支援金は教育委員会経由で学校に配られるという枠組みだった。財源は税金であり、それゆえに一度立てた経費計画を修正するのに多大な労力がかかるという。報告業務も多く、高校の教員・職員からは臨機応変に必要な出費ができないという声が上がっていた。

財団のアドバイザリーボード委員を務める鈴木寛氏は、「これまで公立高校に対して、自由裁量のあるお金が配られることはほとんどなかった」と語る。それゆえに、探究学習への支援が必須と考えながらも「文科省が探究学習に予算をつけても、使い勝手が悪く生きた使われ方をしないだろう」と悲観的に見ていた。そこに現れたのが、三菱みらい育成財団だった。

「財団が挑戦している、子どもたちの心のエンジンの駆動。これは、定義や評価、測定が明確にできないものです。そういった対象に国の予算をつけるのは難しい。でも、これこそがアクティブラーニングの本質であり、推進していくべきことなのです」（鈴木氏）

財団のアドバイザリーボード委員を務める宮本久也氏は、東京都立八王子東高校統括校長としての立場から、「探究学習は、本格的にやろうとするとお金がかかる」と実感を語る。

「外部講師を呼ぶにも、子どもたちにフィールドワークをさせるにもお金が必要。本当は海外での実地調査なども体験させたいけれど、公的な予算ではとても足りません。やらせてあげたいことをすべて実現するだけのお金は到底用意できない、と

いうのが多くの学校の現状だと思います」（宮本氏）

先述の「公的な予算は、一度計画を立てたら容易に変えられない」という不便さについて、高校の関係者で話し合ったこともあるという。

「この2年は新型コロナウイルスの感染拡大で、海外に子どもたちを連れて行く計画を立てても、ことごとく中止や延期になってしまった。そうした時に、代替としてオンラインで海外とつないで調査する環境を整えようとしても、公的な予算だと臨機応変に使途が変更できない。でも、三菱みらい育成財団の助成金はできるんです」（宮本氏）

各学校に割り当てられる公的な予算は都道府県ごとの教育委員会によって採択されており、さまざまな形態がある。各教育委員会の方針に倣えば、都立高校の場合は本来自由な使い方はできないが、現在は東京都教育委員会の理解を得て、学校裁量で助成金を自由に使うことが可能になっている。これも、財団事務局のメンバーが教育委員会を回って、教育委員会の責任ある立場の担当者に財団の事業の趣旨を説明してくれているからだと宮本氏はいう。

財団の助成金は教育委員会を通さず、財団から学校に直接振り込まれている。これは、日本ではあまり類を見ない助成スキームだと考えられる。

4. スピード感のある事務局の動き

鈴木氏は財団の活動に関わり、次のような点を評価している。

「とにかく現場に足を運んで実地調査をしているんです。また、現場の教員や管理職の皆さんと積極的にコミュニケーションをとっている。こうした点は、文部科学省も学ぶべきところです」（鈴木氏）

宮本氏も財団の「対応が柔軟かつフットワークが軽い」という姿勢について言及した。これは三菱みらい育成財団が、ビジネスの世界にいた人たちによって運営されていることが関係しているだろう。宮本氏は「他の財団と差別化できるポイントは、実務を担当する事務局にある」と分析する。

「他の教育財団と比べて事業としてのスケールが大きく、助成先へのきめ細かなリサーチとフォローを迅速にする。そういった面は、ビジネスにもともと長けている人たちがつくった財団だと感じます」（宮本氏）

本業でリサーチや取引先のフォローなどをやってきた人が運営しており、仕事のノウハウがそのまま活かされているのではないか、という。

鵜尾氏は、財団事務局メンバーを「プログラムオフィサーの鑑だ」と評価する。

「カテゴリー2の教育事業者向けのプログラムについて話を聞いたら、教育分野で変化を起こそうと頑張っている組織の多くはリサーチ済みで、すでに訪問されていた。そこまでしなくても公募助成はできるのに、労力を惜しまずよりよい助成を目指そうとする意欲を感じます」(鵜尾氏)

また、助成先だけでなく、応募はしたけれど採択されなかった事業者とのコミュニケーションを継続していることも特徴だという。

「審査したらそれで終わり、という財団もあるなか、フォローを続けている。お金を出すことと、応援しているというメッセージを発する人の顔と言葉がセットになると、そのお金の効果は何倍にもなる。日本社会の助成事業は、資金面で支援する人と現場で実践する人の距離が遠いことがよくありました。三菱みらい育成財団の助成は、その二者の距離が近いんです」(鵜尾氏)

財団が企画して開催している「成果発表会」や「表彰式」といったイベントも、助成先にとっては励みになり、発表するための映像や資料を作成することで、自分たちの取り組みをシェアするツールも手に入る。鵜尾氏はこうした取り組みについて「全体的な構造が共感的にデザインされている」と分析している。

5．3年かけての助成、継続的な支援が助成先を羽ばたかせる

三菱みらい育成財団の助成金は単年度ではなく、3カ年助成するスキームだ。単年度の助成が多い中で、思い切った助成方法といえよう。これは、3カ年腰を落ち着けて取り組んで欲しいという財団の想いからだ。3カ年の助成を行うことは、財団事務局などが3カ年のサポートを行うことともいえる。

「採択後、助成を始めて1年目を見て、『うまくいっていないのかな』と感じる助成先はあります。でもその時点で残り2年あるので、我々アドバイザリーボード委員と財団事務局で『こういうサポートをしましょうか』と話をして、改善のお手伝いができるわけです」（宮本氏）

つまり、財団は「助成金を渡して終わり」ではなく、日本の教育を変えていくための継続的な支援を進めているのだといえよう。

「もし、サポートが必要な助成先が出てくれれば、『こういうところを紹介したらどうですか』とか『今度こういうことを助言してみよう』みたいな話ができるのです。財団の助成事業をいい形にするために、助成先にも成長してもらいたい、バージョ

ンアップしてもらいたい、といった財団側の想いを感じます。『助成をしたのに何をやっているのですか』というマイナスな話ではなくて、『もっとよくするためにはこうしたほうがいいのではないか』という建設的なアドバイスをされています」（宮本氏）

6.「三菱」が持つ知名度、信頼度が、助成先の活動を後押しする

鵜尾氏は、代表を務めるファンドレイジング協会で、寄付教育の授業を学校に提供している。その中で、地方の公立校などが対象の場合、外部事業者が学校現場に入る難しさを感じるという。

「学校というのは外部の事業者に対して、門戸を固く閉ざしているところが多いんです。教育事業者のコミュニティで話していると、どんなにいいプログラムを持っている組織も、学校に入ること自体が大変だという話が出てきます。しかし、『三菱みらい育成財団から助成を受けているプログラム』となると、三菱への信用によって門戸が開かれるんです」（鵜尾氏）

三菱みらい育成財団の活動には、外部事業者と学校、地域と学校といったさまざまな連携が生まれる可能性があると鵜尾氏は期待している。

鈴木氏も、旧来の助成事業は公立学校と外部事業者、特に企業の連携がうまくとれていないと感じていた。

「公立学校は、企業に拒否反応があるところが多いんです。『お金儲けのために来ているのではないか』『利用されるのではないか』と警戒してしまう。でも、助成の話を聞いていると三菱みらい育成財団に対しては、抵抗感がほとんどなかったようです。これは、三菱の信用力だと思います」(鈴木氏)

鈴木氏は「『文部科学省から来た』というよりも、『三菱みらい育成財団から来た』という方が受け入れられやすいのではないでしょうか」と冗談めかした。さらに、「三菱」の名前が探究活動に対するイメージを変える可能性があると考えている。

荒瀬氏は、「大都市圏だけでなく、地方のどの地域に住む人でも三菱の名は知っている。その名を冠した財団が助成をする、ということそのものが子どもの価値観に影響を与えるのではないか」と話した。

「助成先の学校の生徒は、三菱という民間の企業がうちの学校によくしてくれた、という記憶を持って育つことになります。そういう子たちが社会人になって生きていく中で、今度は自分が社会のために何かしようと考える素地ができると思うのです。社会的な支援のバトンのようなものが受け継がれていくのではないか、と期待

していますⅠ（荒瀬氏）

7．三菱グループのリソースを助成先の支援に活用する

ヒト・モノ・カネといったリソースがふんだんに投入できるのも、財団の強みだろう。鈴木氏は「通常は資金が足りない、もしくは人的体制が脆弱だったりするものだが、三菱みらい育成財団はどちらもある」と太鼓判を押す。特に事業グループが母体となる財団ならではの特徴といえるのが、「ヒト」のリソースの豊富さである。財団事務局のメンバーだけでなく、グループの社員にも活動協力を仰げるのだ。

実際に、グループ企業の社員が財団活動に参加している。2022年8月に財団が主催したオンラインセミナー「理系ブロッサム～理系女子高校生の可能性をひらく。」はその一例だ。このオンラインセミナーでは、理系の仕事に関心がある高校生の女子を対象に、バイオ・マクロ流体工学を専門とする東京大学大学院情報学環生産技術研究所教授・大島まり氏の講話や、理系の仕事に携わる三菱グループ11社からの女性社員とのグループセッションなどを行った。4時間にわたる長時間のセミナーに参加したのは、全国23都道府県79校124人の生徒たち。たくさんの質問が飛び出し、活気に満ちた会となった。

三菱グループの事業分野は多岐にわたり、各企業では物理、数学、都市工学、生命科学、応用化学などのさまざまな理系分野を専攻した女性社員が働いている。三菱重工業、三菱電機、三菱ケミカルグループ、AGC、キリンといった化学、工学、食品系のメーカーだけでなく、三菱UFJ銀行、三菱商事、三菱地所、東京海上日動火災保険、明治安田生命、三菱UFJリサーチ&コンサルティングといった企業グループでも、大学で理系分野を専攻した人が、その専門知識をもとに活躍しているのだ。こうした先輩たちの姿は、高校生たちが持っていた「理系に進んだら大学や研究所で働く」といったイメージを覆し、将来の展望を大きく広げた。

理系ブロッサムの運営にあたっては、助成先である株式会社教育と探求社のサポートが重要な役割を果たした。財団の活動は、財団事務局のみで行われているわけではない。三菱グループのみならず、教育事業者など、財団以外の多様な組織とパートナーシップを組んで、活動が行われているのだ。

田中優子氏は、この取り組みについて高く評価している。

「理系ブロッサムですごくおもしろいと思ったのが、冒頭に提示された『本日のルール』です。1、当たり前を疑う。2、何でもいってみる。3、違いを楽しむ。

まさに、この3つの姿勢を持ち続けることが大事です。親御さんから常識だといわれていたことは疑っていいのです。自分の発言についてほかの人がどう思うか敏感すぎる人もいます。何でもいっていいという空気を作るのは、とても大事で、それをやるから違いを楽しめる。違うのが当たり前、本音をいわないと違いがわかりませんから」(田中氏)

その上で、理系への固定観念についても語る。

「理系に進む女性が少ないのは、社会に『男性は理系、女性は文系』というバイアスがあるから。そうした思い込みを取り払い、子どもたちが興味関心を持ったことを大事にして能力を伸ばしていけたら、理系に進む女性も増えるでしょう」(田中氏)

高校生のうちは、何かに関心を持っても、それが仕事や学問領域の入り口であると気づけないことがある。視野を広げ、実社会と接続してくれるメンターが必要なのだ。「理系ブロッサム」でさまざまな専門を活かして仕事についている人たちの話を聞けば、その関心が将来へつながっていることに気づけるはずだ、と田中氏はいう。

これら7つの特徴を活かし、実験的なチャレンジをし続けることで、これからの時代に向けた新たな教育財団の形を示せるだろう。

第2章

日本の教育の問題は「高校世代」にあった
――「心のエンジンを駆動させる」とは

The Problems in Japanese Education Are Found in “The High School Age Group”: What Does It Mean to “Drive the Mind’s Engine”

なぜ15歳から20歳までの教育に助成するのか

財団の理事の坂東氏は三菱みらい育成財団のユニークな点として、「目的意識がはっきりしていて、15歳から20歳までの教育に焦点をあてているところ」を挙げている。

未来を担う次世代の中でも、小中学生ではなく、高校生から大学1、2年生までの教育への支援をしているのはなぜか。それは第1章でも述べたように、たくさんの有識者へのヒアリングから、日本の教育の課題がここにあるのではないかと推定したからだ。

OECDの生徒の学習到達度調査（PISA）で、日本の15歳は数学的リテラシーや科学的リテラシーにおいて、世界トップレベルの得点を出している。2018年の調査では読解力の得点や順位が前回調査よりも低下したが、それでもOECD平均より高得点のグループに位置している。日本の義務教育のレベルの高さが表れているといえるだろう。

「高校というのは小中学校と違って、進学校もあれば教育困難校もあり、その間の中堅校もある。全日制だけでなく定時制や通信制もあるし、専門学科が置かれている農業高校や工業高校、商業高校などもあります。それぞれ抱えている課題はさまざまで、求めている解決策も違う。門外漢なりに思ったのは、この世代の教育をまるごと『高校教育』として扱い、底上げを図ったり、変革していったりするのは難しいのではないか、ということでした」（藤田氏）

取材では「義務教育ではないが、高校等への進学率は98％を超えている」という日本の現状があるにもかかわらず、文部科学省内には「高等学校課」がないという指摘もあった。

文部科学省には、初等中等教育局と高等教育局があり、高校は初等中等教育局の管轄になる。以前は初等中等教育局の中に高等学校課が置かれていたが、現在はない。初等中等教育局は主に義務教育の予算の獲得と配分を行っており、高等教育局は大学や高等専門学校のそれをやっている。高校教育はその狭間の「空白地帯」にあるともいえるのではないか、という指摘だ。

もちろん、文部科学省としても、高校教育をないがしろにするつもりなどないだろう。その上で、どうしても「空白地帯」になりやすい状況になっているのは、前述の通り高校にはさまざまなタイプの学校があるためで、一括りにしづらく対応が難しいからだと考えられる。三菱みらい育成財団の取り組みは、その「空白地帯」が抱える課題に、少しでも答えを見出そうとしているのだ。

高校教育の現場から見える問題

学校の種類や生徒の学力、家庭環境、進学理由などによって異なる課題を抱える高校に対し、一括りに対応することはできない。しかし、共通して適用されるものもある。それが、学習指導要領だ。学習指導要領は、全国どの地域でも一定水準の教育を受けられるようにするために定められた、教育課程（カリキュラム）を編成する際の基準である。

学習指導要領はおよそ10年に一度、時代の変化に対応して改訂される。1998年・1999年の改訂では「情報科」が高校に導入され、2008年・2009年の改訂では、小学校に外国語活動が導入された。

財団のアドバイザリーボード委員の鈴木寛氏は、2018年に告示された学習指導要領の策定に深く関わっている。鈴木氏も理事を務める、OECDの「Education

2030プロジェクト」の提言が新学習指導要領のコンセプトになっている。

Education 2030プロジェクトは、2015年からスタートし、世界中の政府や民間機関と連携して、2030年という近未来において子どもたちに求められるコンピテンシー（資質・能力）とは何か、それをどのように育むのかということを検討してきた。その成果として「ラーニング・コンパス」という学習の枠組みが提唱されている。

〝コンパス（羅針盤）〟という言葉を使っているのは「生徒が教師の決まりきった指導や指示をそのまま受け入れるのではなく、未知なる環境を自力で歩み、意味のある、また責任意識を伴う方法で、進むべき方向を見出す必要性を強調する目的」があるのだという。

このラーニング・コンパスの構成要素には、学びの中核的な基盤である知識、スキル、態度と価値から構成されるコンピテンシーに加え、より良い未来の創造に向けた変革を起こすコンピテンシー、それらを見通し（Anticipation）、行動（Action）、振り返り（Reflection）という連続した学習過程を通して身につける「ＡＡＲサイクル」が含まれる。

「新しい学習指導要領は『生きる力』を身につけることを目指しています。20世紀はマニュアルを覚え、早く正確に再現する力が『生きる力』でした。けれど、それはもうＡＩやロボットがやってくれます。21世紀はＶＵＣＡの時代であり、自分の人生は自分でデザインし、プロデュースしなければいけません。誰かが教えてくれるものではないのです。これからの学びは、主体的で協働的なものが主流になっていくでしょう」（鈴木氏）

しかし国からさまざまな提言が出てきたとしても、教育現場はそれに対応できるのだろうか。現場は現場で、時代の変化による新たな問題を抱えている。校長として高校教育の現場をよく知る宮本氏は、「高校教育に40年以上携わっているが、昔と今では生徒の様子が全然違う」と語る。

「この40年間で社会、地域、家庭という、子どもたちが大人になるまでに影響を受ける3つの要素が急激に変わっていったんです。それにより、常識や教養、社会性、協調性、判断力、行動力などが身につかないまま高校に入ってくる生徒が大半になりました」（宮本氏）

15歳から20歳のいわゆるハイティーンといわれる世代は、大人になる一歩手前の段階。本来なら体力はもちろん、精神的にも半分大人というのが普通であったが、宮本氏はそうともいえない近頃の子どもたちの様子を教育現場で感じていた。

宮本氏は「今は、自転車の乗り方すら、高校で教えているんですよ」という。

「スマホをいじりながらイヤホンで耳を塞いで自転車に乗る生徒が多いので、自転車の事故がすごく増えたんです。被害者になるだけではなくお年寄りにぶつかるなどして加害者になってしまうケースもあります。そうした事態を防ぐために、うちの高校では自転車安全教室を開いて乗り方を教えています。スタントマンに来てもらい、イヤホンやヘッドホンをしたまま乗ったら周りの音がどのくらい聞こえないのか、といったことを実際にやって見せて教えています」（宮本氏）

「正直、高校でこんなことを教えなくてはいけないのかと思うこともある」といい、家庭や地域の教育力が下がっているのではと懸念する。さらに、「あまりこういうことをいうと懐古主義だといわれてしまうかもしれないけれど……」と前置きをして、「今は外で走り回って遊んでいる子どもを見かけませんよね？　外でもゲーム機に没頭している姿はよく見かけますが。近所との関わりにおいても、昔は生徒の自転車の乗り方が危なかったら、大人がその場で『道を斜めに横断したらダメだよ！』などと注意してくれたんです。そうした経験から、子どもたちは周りとの関わり方や社会性を学べた。今はそうではなく、学校に『おたくの生徒が危ない乗り方をしているからなんとかしてください』とお叱りの電話をいただきますという。

宮本氏は、地域のコミュニティが希薄になり、子どもたちがさまざまなことを経験する機会が減っていると感じている。

「昔は『次の世代を担う子どもたちは国の宝だ、地域の大人たちが一丸となって大事に育てていこう』という感覚がありました。けれども今は、社会が不寛容といいますか、かつての空気感は失われつつあります。特に都心では核家族が多くなり、子どもたちが地域でいろんな大人と触れ合う機会が減っています。毎日、接するのは自分の親と教員くらい。最近の子どもは高校を卒業するまでに接する大人の数が実はすごく少ないんです」(宮本氏)

失敗させないことがもたらす弊害

また宮本氏は、子ども時代の経験が少なくなっている一因は、子育てが過保護になってきていることにもあるという。

「失敗しそうになると、親が先回りして防いでしまう。だから、子どもたちは失敗を極度に恐れるし、失敗すると立ち直れないんです」(宮本氏)

情報化社会が進展し、多くの情報がネットを通して簡単に手に入るようになった。もちろん、プラスの面は大きいものの、経験が少ない中では頭でっかちにもなりがちだ。友人関係や社会でも孤立することを嫌い、周りに歩調を合わせようとする。自分は人にどう思われているか絶えず気にするのも現在の高校生の特徴だという。

「それが過ぎると、実際の自分との乖離《かいり》ができてくるので、やはりメンタル的に持たなくなるということもあるわけです。『人は人だから、私は私で好きにしていいんだ』と思える生徒はなかなかいないです」(宮本氏)

また宮本氏は、勉強がマニュアル化され、自分の頭で考える機会が失われているとも感じていた。問いに対する答えは、Googleで検索すれば出てくる。だから、生徒は問いにぶつかったときに答えはどこかにあるものだと探そうとする。しかし、答えは自分で考えてつくるものだという。

「社会でもいわゆるマニュアル人間はいらないといわれているなかで、問いにぶつ

かったときに答えを探すのではなく、自分でつくり出せる能力を育てることが教育では必要です」（宮本氏）

名門高校の校長を歴任してきた杉山氏も、子どもたちの失敗経験の少なさを指摘している。

「日本の学校って今、生徒に失敗をさせないんです。『真面目にやりなさい』『ちゃんとやりなさい』『早くやりなさい』と生徒の失敗を許さない。欧米では、それがいいかはわかりませんが、留年しながら学ぶというのを許しています。日本はそうではないから、自分のペースで勉強することができず同級生に追いつかなければいけません。さらに最近は『現役で進学しなきゃだめだ』という考えも強くなっていると思います。浪人なんていうのは、社会で許された、数少ない試行錯誤できる機会ではないかと私は思うのですが、生徒は進学できないことを大きな『失敗』だと捉えています」（杉山氏）

目立ったり不用意な発言をしたりしたくないから、授業中の発言も少なく消極的なループに陥ってしまう。「本来、学校は安心して失敗できる場所であるべきだと思います」と杉山氏は話す。

また、失敗できる環境がないのに、大人からチャレンジ精神を持とうと叩き込まれると、逆説的にチャレンジしない雰囲気ができあがってしまうともいう。こうした状況は、教育が子どもたちの心に寄り添わず、大人たちから見た「正解」を押しつけるだけのものになってしまっているせいではないか。そうして、子どもたちが学校生活に対する前向きささを失えば、自分の人生を構想する力も育たない。たった一度しかない人生で自分は何を獲得したいのか、という問いかけがないままに、中学・高校時代が過ぎて大学に入り、いざ就活となったタイミングで初めて人生を構想しようとしても、履歴書に何も書けなくなってしまう。

大学入試に縛られすぎる日本

高校生活で無視できないのが、大学受験の存在だ。2022年現在、高校から大学への進学率は約6割で、専門学校なども含めると8割以上にのぼる。ほとんどの高校生は、進学先を意識して高校生活を送ることになる。

カテゴリー4の大学・NPO等で行う、「21世紀型 教養教育プログラム」の選考委員である教育社会学の研究者で、早稲田大学教育・総合科学学術院教授の吉田文氏（以下、吉田氏）は、日本の高校と大学の接続における特色を「大学入試において、大学が選抜権を持っていること」だと解説する。

「ヨーロッパなどでは、後期中等教育の修了試験の成績で大学へ進学するかどうかが決まります。アメリカではSATやACTという標準化されたテストがあり、その成績が大学受験の足切りの目安になるわけです。あとは、高校の成績が重視されている。つまり、欧米では、中等教育でどれだけのことを習得できたかがフォーカスされ、その成果が大学の進学に結びつくシステムになっています」（吉田氏）

ところが、日本は違う。日本の場合は、大学が指定する入学者選抜の方式にどれだけうまく合致したかが重要になっている。一般入試で受けるならば、高校の成績はほとんど関係がなく、その大学が出す問題でどれだけ高得点が取れるかが決め手となるのだ。

日本だけでなく、東アジアの国々はこうしたシステムを採用する傾向があるが、中国、韓国には国レベルの統一試験があり、その成績が基準となる。日本にも「大学入学共通テスト」があると思われるかもしれない。しかし、吉田氏は「大学がどの教科で受験するか指定しますよね。全然共通になっていないんです」と指摘する。

「こうなると、入試に出ない科目はがんばらなくていいと考える生徒・保護者が出

てくるのも無理はない。高校教育が、大学入試からの影響を強く受けることになります」（吉田氏）

大学入試の影響として、高校の早い段階で文系と理系にクラスを分けてしまうことが挙げられる。現在では、高校1年生の秋に分けてしまう学校もあるという。そうなると、「ほとんど数学や理科を学ばなかった」「ほとんど国語や地理歴史を学ばなかった」という状態のまま卒業する生徒も出てくる。

大学受験は何のためにあるのか。「いい大学に入ることが、大企業、有名企業に入ることにつながるからだ」という考え方がある。しかし取材では、企業が求める人物像が変わってきているとの声も聞かれた。企業側も、学歴だけで測れない能力があることは十分承知しているのだ。

財団の評議員の東京海上ホールディングス株式会社取締役会長・永野氏は、その変化について次のように話した。

「かつてはチームワークや素直さ、基礎学力などが必要な能力といわれていましたが、今は間違いなく、主体的に社会を変えていく力がある人が求められています。また、何かを発信する力、一歩を踏み出す力なども必要です」（永野氏）

学歴は「物事を理解する能力を備えているかどうか」のわかりやすい基準の1つではあるが、こうした能力を学歴だけで判断しようとしても、いい人材は採用できない。人の本質をしっかり見極めるような採用活動が重要だと永野氏はいう。永野氏は財団の活動に携わり、教育改革の必要性を強く感じたそうだ。

「財団の評議員会には、大学の総長など教育界のトップ、重鎮が参加しているわけですが、その方々がこぞって大学受験も含めた教育システムを変えないと日本がだめになる、という危機感を抱いていることに驚きました。そして産学連携への期待も、同時に強く感じたのです」（永野氏）

財団の評議員の前・法政大学総長の田中氏からも、永野氏の考えに近い言葉が聞かれた。

「社会を生き抜き、よくしていくための能力が変わってきている。社会における『能力』の基準を広げたり変えたりすることが求められているが、それは大学が入試を変えていくだけでは難しい。産業界を含めた社会全体で変えていかなければ達成できない」（田中氏）

文系・理系の偏りも含め、受験勉強自体が高校生の学びを歪めていると鈴木氏は危惧している。

「近年、受験勉強が精緻化しすぎていると感じます。30年前、名門大学に受かる人は自分で学習計画を立て、それをもとに参考書などで独自に勉強していました。受験勉強が主体的な学びやセルフマネジメント能力を伸ばすことにおいてもいい影響を与えていたのです。でも今は塾がコンピュータ（ＡＩ）を使って最適な学習プランを決めている。塾に通う受験生はＡＩの指示通りに勉強するだけになってしまい、独自に勉強する人は徹底的に分析・対策された塾の学習プランに敵わなくなってしまった」（鈴木氏）

鈴木氏は大学教育や「すずかんゼミ」といった若者を育成する活動に携わってきた中で、高偏差値の中高一貫校から東京大学にストレートで合格したものの、社会に出たらあまり活躍できていない人、反対に高卒で社会に出たが起業して大活躍している人など、さまざまな人を見てきた。その上で、従来の大学一般入試が、高校生の学びをゆがめていることは明らかだと話した。

「どういう能力・資質をもって大学に入ってくるのか、あるいは社会に出るのかが大事なんです。高校時代に血眼になって勉強して偏差値の高い大学に入っても、後々、本人や社会にとってもマイナスになることがある」ともいう。マニュアルに沿った勉強に追われるばかりでは、それぞれが持つ個性や才能が生かされないばかりか、社会に出るために学ぶという学校教育の本質から遠のいてしまうのだ。

顕在化していない将来的な問題

カテゴリー2の教育事業者等が行うより先進的、特徴的、効果的な「心のエンジンを駆動させるプログラム」への助成の選考委員である鵜尾氏は、まだ顕在化していない将来的な問題について危惧していた。

「教育にアクセスできない人や授業についていけない人がいるという、教育の平等という観点からの問題については、みんな気がついているし手も差し伸べられている。しかし、もう1つ顕在化していない問題があると考えています。それは、リーダー教育です」（鵜尾氏）

この先の日本を担い、世界のリーダーに伍する人材。そうした人を育てる教育に手が回っていないというのだ。この危機感は、平野氏や永野氏をはじめとする金曜会のメンバーも強く感じていたという。

「今は、20年後に『日本、元気ないね』となるか、『日本からどんどんおもしろい人が出てくるね』となるかの分岐点にいると思います」（鵜尾氏）

日本のみならず世界を牽引し、より良い未来をつくっていくリーダー。そうした人材が日本から出てくるのか。鵜尾氏が懸念するように、その可能性は今のところ低そうだ。

2019年に日本財団が行った「18歳意識調査」―国や社会に対する意識調査―では、「自分を大人だと思う」「自分は責任がある社会の一員だと思う」「将来の夢を持っている」「自分で国や社会を変えられると思う」「自分の国に解決したい社会課題がある」「社会課題について、家族や友人など周りの人と積極的に議論している」という6つの質問について、アメリカ、中国、インドなど9カ国で調査を行った。その結果、日本は他の国に大差をつけて「はい」の回答者割合が最下位となっている。日本の17歳から19歳の若者は、社会の一員であるという自覚が薄く、自分が社会を変えられるとも思っていない。つまり、自己肯定感や自己効力感が低いのだ。

鵜尾氏は、「日本の若者も貧困問題や環境問題について、知識としては知っている。でも、それを解決できるということは教えられていない」という。鵜尾氏が代表を務める日本ファンドレイジング協会では、寄付教育なども行っている。寄付教育で、子どもたちは「自分にも役割があり、社会に変化を起こせる」ということを学ぶのだという。

「自分にもできることがあるとわかると、人の目は輝き始めます。自分に問題解決の力があると知ることは、リーダーシップを身につける第一歩なのです」（鵜尾氏）

大きな問題は自己肯定感の低さ

前述の「18歳意識調査」の結果は、若者の教育に携わる人に対し、大きな衝撃をもたらした。三菱みらい育成財団の関係者への取材でも、この結果に触れた人は多い。理事の坂東眞理子氏はこの結果の理由が教育にあると考えているという。

「日本は20世紀の後半、キャッチアップ型の教育で発展していったわけですよね。正解は1つで、できるだけ早くその正解にたどり着けばよかった。21世紀は違います。お手本どおりの正解を見つけるのではなく、新しく物事を生み出す発想が求められている。でも、教育がそれに追いつかないまま20年が過ぎてしまった。それが、今の日本が世界に遅れてしまっている原因なのではないかと思います」（坂東氏）

「18歳意識調査」－国や社会に対する意識調査－

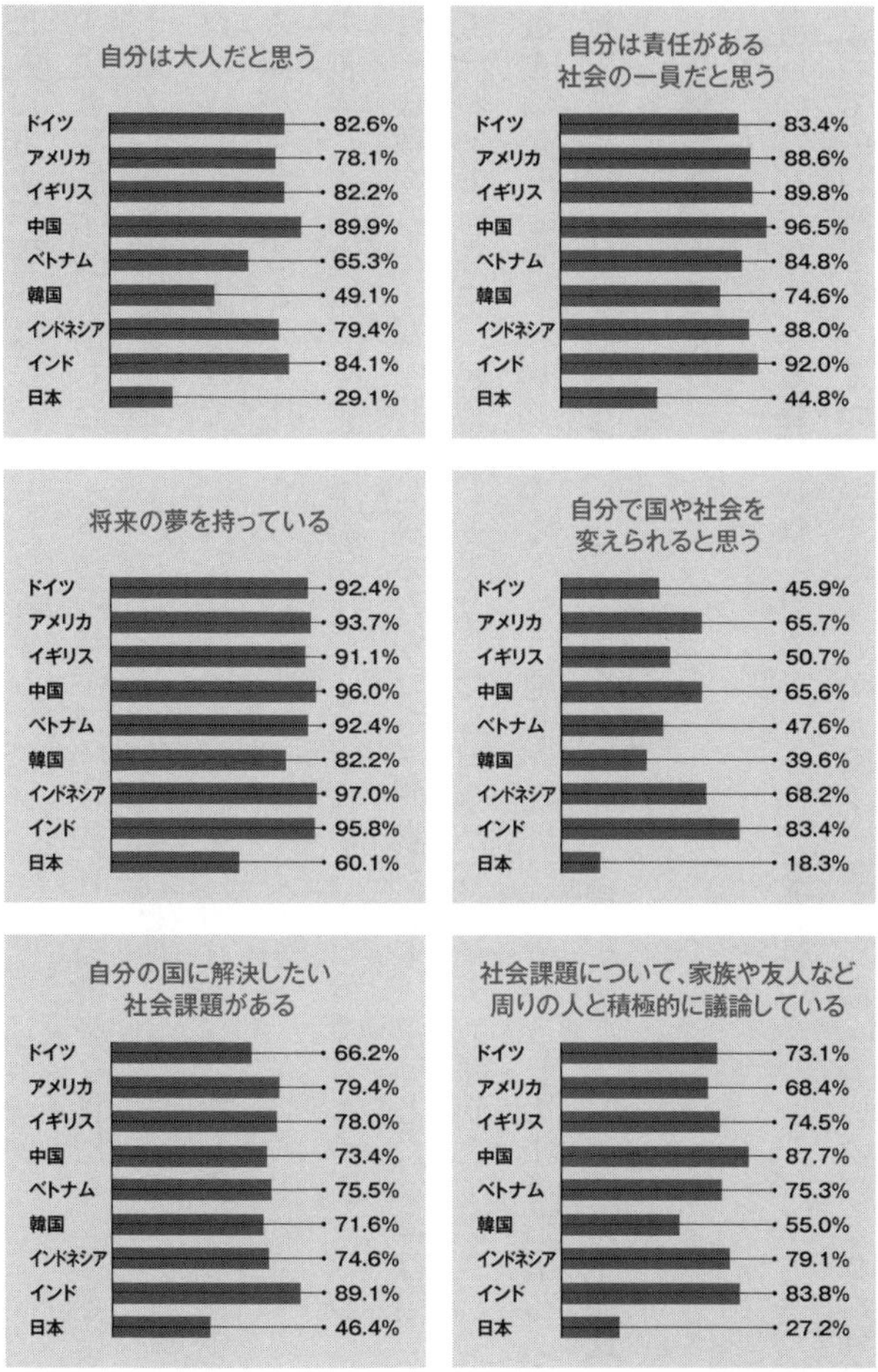
自分は大人だと思う
ドイツ 82.6%
アメリカ 78.1%
イギリス 82.2%
中国 89.9%
ベトナム 65.3%
韓国 49.1%
インドネシア 79.4%
インド 84.1%
日本 29.1%
自分は責任がある
社会の一員だと思う
ドイツ 83.4%
アメリカ 88.6%
イギリス 89.8%
中国 96.5%
ベトナム 84.8%
韓国 74.6%
インドネシア 88.0%
インド 92.0%
日本 44.8%
将来の夢を持っている
ドイツ 92.4%
アメリカ 93.7%
イギリス 91.1%
中国 96.0%
ベトナム 92.4%
韓国 82.2%
インドネシア 97.0%
インド 95.8%
日本 60.1%
自分で国や社会を
変えられると思う
ドイツ 45.9%
アメリカ 65.7%
イギリス 50.7%
中国 65.6%
ベトナム 47.6%
韓国 39.6%
インドネシア 68.2%
インド 83.4%
日本 18.3%
自分の国に解決したい
社会課題がある
ドイツ 66.2%
アメリカ 79.4%
イギリス 78.0%
中国 73.4%
ベトナム 75.5%
韓国 71.6%
インドネシア 74.6%
インド 89.1%
日本 46.4%
社会課題について、家族や友人など
周りの人と積極的に議論している
ドイツ 73.1%
アメリカ 68.4%
イギリス 74.5%
中国 87.7%
ベトナム 75.3%
韓国 55.0%
インドネシア 79.1%
インド 83.8%
日本 27.2%

2019年　日本財団資料より

選考委員の荒瀬克己氏は、若者の自己肯定感の低さは大人や社会のありようが学校にもたらす影響ではないか、と分析する。

「中央教育審議会が出した『〈令和の日本型学校教育〉の構築を目指して』という答申でも、学習指導要領では1950年代から『個性を伸ばす』といった規定がなされてきたが、一方学校では『みんなで同じことを、同じように』と過度に強要される面が見られることが述べられています。同調圧力がかかっているわけです。大人の世界にも同調圧力や正解主義がはびこっていて、『自分で考えろ』といわれるのに、失敗すると『なぜ勝手に決めたんだ』と叱責される。そうした風潮は若い人にも伝わっています。起業なども失敗したら周りからマイナス評価をくだされて、失敗を活かして再チャレンジするという発想がない。こういう世の中で若者に『夢を持て』とか『社会を変えていこう』などといっても響かないでしょう」（荒瀬氏）

主体性を育む必要性

財団の常務理事である藤田氏は、日本という国の多様性の少なさが、子どもたちにとっての刺激を奪っているのではないかと話す。藤田氏は「若い頃にどれだけ大きな気づきを得たかで主体性が決まってくる」と考え、「人格形成上、特に重要な時期は高校の時期」という。

「学校全体、あるいは生徒そのものと向き合うとなると、高校と義務教育の小中学校とでは担任の役割がまるで違うように思います。もっと高校の先生が担任という仕事に向き合うべきではないか、というのが私の印象です」（藤田氏）

鈴木氏からも、高校時代に築かれた素地が社会に出たあとに影響するという話が聞かれた。

「中学、高校時代に受験勉強ばかりして人と議論をしなかったり、協働しなかったり、新しい経験をしなかったりすると、他者理解力やコミュニケーション、リーダーシップ、社会文化探究心などは育ちません。将来自分がどういう分野で社会に貢献できるかというイメージもわいてこない。こうした全人格的な教育は、大学に入ってからでは遅いのです」（鈴木氏）

「日本の教育は知識偏重の受身型で、主体的に考える学びに乏しいという指摘はいくどもされてきた。実は、こうした指摘は1980年代から行われている」と選考委員の杉山氏は指摘する。

「アメリカの文化人類学者であるトーマス P. ローレンは、典型的な公立校やエリートを養成する私立高、定時制高校など日本のさまざまなタイプの高校についてフィールドワークし、1983年に〝Japan's High Schools〟（邦題は『日本の高校―成功と代償』1988年刊）という本を出版しました。この本ですでに、穴埋め式の入試問題などを例に、知識偏重の受身型教育について指摘されています。さらに遡ると、1964年に出版された日本の教育学者・勝田守一と中内敏夫の共著『日本の学校』でも同様の指摘がされています」（杉山氏）

新学習指導要領では、「主体的・対話的で深い学び（アクティブ・ラーニング）」と表現されるような学びを授業に取り入れることが推奨されている。

2021年には、中央教育審議会で「『令和の日本型学校教育』の構築を目指して～全ての子供たちの可能性を引き出す、個別最適な学びと、協働的な学びの実現～」という提言が取りまとめられ、2022年6月には内閣府の総合科学技術・イノベーション会議の教育・人材育成ワーキンググループによる『Society5.0の実現に向けた教育・人材育成に関する政策パッケージ』というものも発表された。教育改革の機運は高まり、授業においてもより主体的な学びが求められている。

必要なのは「心のエンジンを駆動させる」こと

三菱みらい育成財団は「心のエンジンの駆動」というコンセプトのもと助成を行っている。財団の評議員の安西氏は、認知科学研究者の立場から、人間が学び続けていくのは「学びを促す心のエンジン」があるからだと主張している。人間は進化の過程で、知識を獲得する能力や、知識を上手に活用する能力が生存に有利に作用すると知り、また、他者の行動を模倣する能力や他者とインタラクション（交流）する能力が進化し、それらが自然に他者から学ぶだけでなく、自然に他者に教える能力の進化を促したのだという。

取材で話を聞いた関係者にも、それぞれの心のエンジンが駆動した瞬間があった。日本サッカー協会の理事を務めていた鈴木氏は、灘高校に通っていたときに、サッカー部でプレイングマネージャーとなり、チームを率いて神戸市一部リーグで優勝させた経験を語ってくれた。

「うちの高校のサッカー部は顧問だけで監督はおらず、弱小だったんです。最初の練習試合は10対0で負けたくらい。だから、僕がキャプテンと一緒に練習メニューを考えました。他校に比べてうちの唯一といえるアドバンテージだったのが、都市部にありながら専用のグラウンドがあったこと。そこで、僕は審判の資格をとって神戸市サッカー協会や他校とのコネクションをつくり、他校の顧問にお願いの電話をかけまくって、うちのグラウンドでの練習試合をたくさんやりました。ホームゲームで実戦経験を重ね、少しずつチームが強くなっていくのがうれしかった。考える戦略が全部はまって、結果的に一部リーグでは有力校2校に対して1校とは引き分け、1校には勝利できた。そして得失点差で優勝することができたのです」（鈴木氏）

鈴木氏は「弱小のチームが奇跡的なことを成し遂げたと、その時はまさに、血湧き肉躍るといった感覚でした」と当時を振り返る。この経験から大きな自己肯定感を得て、鈴木氏はその後、通産省でJリーグを立ち上げ、日韓サッカーワールドカップに携わり、また、2022年まで日本サッカー協会理事を務めるなど、サッカーの普及発展に大きく貢献している。

選考委員の杉山氏いわく、心のエンジンの駆動は「他者との出会い」がポイントになるという。

「吉田松陰の最初の伝記は、『宝島』を書いたロバート・ルイス・スティーブンソンが執筆したんです。なぜかというと、松下村塾最後の門下生だった正木退蔵が英国に滞在していた時に、スティーブンソンに吉田松陰のことを熱心に語ったから。本気で生きている人の生き方に人は感化され、行動を起こすんです」（杉山氏）

そんな杉山氏にとって、大学時代に経験した東京の困窮世帯を対象にしたボランティア活動が、心のエンジンを駆動させるきっかけになったそうだ。

「その時に出会った先輩や地域の人達から、生きるということについて教わりました。それまでは、ジャーナリストになりたいと考えていたのですが、一般的な問題の指摘をするよりも、目の前の人の力になる仕事がしたい、と思うようになったのです。自分のこうした経験から、生徒には学校の外とつながり、真剣に生きている人とつながる体験をして欲しいと思って仕組みづくりをしています」（杉山氏）

財団の理事長の平野氏に心のエンジンが駆動した瞬間について聞くと、高校時代は不登校気味であったことを教えてくれた。

「おもしろい学校で、授業に出ない日が長く続いても親に連絡もしない。でも、週末には何人かの先生と学校の近くのお寺で何時間も日本の将来進むべき道などを議論したりしていました。大学に入ってからはむしろ、ゼミで心のエンジンが駆動する経験がありました。愛読していた本の著者だった作田啓一さんという社会学者が、当時の教養課程でゼミを開設していたんです。それはもう入るしかないですよね。また、政治学者の高坂正堯さんの学外ゼミもあって、それもとてもおもしろかった。『大きいことはいいことだ』というチョコレートのキャッチコピーをもじって、『強いことはいいことか』というテーマで議論をしたのを覚えています。当時は、冷戦の時代で米ソがお互い、大きく、強くなることを目指していたわけです。でも国として大きく強くなることというのは、絶対的に『いいこと』なのか。先生がリードして少人数の議論で自分の考えを深めていったことは、今でも原体験として残っています」（平野氏）

鵜尾氏は、大学時代の飲み会で幹事をしたことに喜びを感じ、それが今の仕事につながっているという。

「今はファンドレイザー（民間の非営利団体のために資金調達を行う人）を育成して、いろいろな人たちにチャンスや機会を提供し、活動を成功に導いていくという仕事をしています。これって、大学時代に友人同士をつないで、みんなで盛り上がっているのを見て『ああ、いいなあ』って思っていた感覚と同じなんです。大学を卒業してJICA（独立行政法人国際協力機構）に入ってからも、異業種交流会と称して1000人くらいを集めて、飲み会だけでなくボランティア活動などもしていました。知らない人同士をつないで大きなことを成し遂げる、ということにドキドキする。それがずっと続いています」（鵜尾氏）

安西氏は、「10代の頃に心のエンジンが本当に駆動したことはなかった」とした上で、心が動いたことをはっきり自覚したのは29歳の時だったと語った。

「博士課程を終えてから、カーネギーメロン大学に留学し、ポスドクになった時。29歳というのは、時期的には本当に遅くて、同級生でサラリーマンになっている人達は、ばりばり働いている頃です。でも、アメリカに行ってポスドクになってから、もう1分1秒が惜しくて仕方がないぐらい濃密な人生が始まり、それが僕のその後の人生をつくりました。中学生・高校生向けの講演でもお伝えしていますが、生徒が目指すものが自分では見つからなくても気にする必要はありません。心のエンジンが10代後半に動くとは限らないですから」（安西氏）

財団の関係者たち個々の体験談からもわかるように、心のエンジンが駆動するきっかけは高校時代に訪れるとは限らず偶発的だ。心のエンジンの導火線は目に見えない。そこに火がつくきっかけは人それぞれであるし、その時期もまた違う。
それを踏まえた上で、財団は現在の教育制度での高校の「空白地帯」や、18歳の意識にかかわる国際調査の結果から見えたこの世代の閉塞感に着目し、それを打破しようとしている。

どのように、心のエンジンに火をつけるか

本章の前半で見てきたように、現代の高校生を取り巻く問題にはさまざまなものがあり、関係者たちは「心のエンジンを駆動させるのはそう簡単ではありません」と口々に語る。助成事業とはいえ、単に助成金を出して終わりにはしない。では、どのように子どもたちの心のエンジンを駆動させているというのか。ここからは、実際に助成先の高校で行われているプログラムの事例から見えてきた、心のエンジンを駆動させるヒントを紹介する。

財団の目的は、教育を変えていくことである。第5章で述べるプラットフォーム

事業などを通じて、取り組みからわかった工夫や好事例（＝グッドプラクティス）を横展開させ、教育を変えていく動きを継続的なものにし、最終的な目的を達成しようとしている。それには、「何が好事例であるか」を明らかにし、助成先のプログラムを定量的に評価すべきだと考えた。

財団の創設に関わったメンバーは当時を振り返り、ネックとなったのは、「助成先の評価をどのように行えばいいか」という根本問題だったという。なにしろ、助成のテーマは「高校生たちの心のエンジンの駆動」という抽象的なものである。

解決の糸口を探りながら、全国各地でヒアリングを続けていたところ、島根県で地方創生を支援していた団体へのヒアリングの中で「高校魅力化評価システム」というものがあることを知った。このシステムを共同開発していたのは、偶然にも三菱ＵＦＪリサーチ＆コンサルティング株式会社（以下、ＭＵＲＣ）だった。

ＭＵＲＣは、国や地方自治体の政策に関する調査研究・提言などを行っている。事務局メンバーの1人は「なかなか見つからなかった教育プログラム分野の評価についての枠組みを、まさか三菱グループの企業が手掛けていたなんて」と驚いたそうだ。その後、財団内で検討が重ねられ、ＭＵＲＣの「高校魅力化評価システム」（アンケート調査）が導入されることとなった。

財団とMURCは、どうすれば子どもたちの「心のエンジンを駆動させる」ことをアシストできるのか、どのような状況でそれが起きるのかを考え続け、議論を尽くしていった。「机上でまとめたきれいごとではなく、多少泥臭くとも現場に通って、目標に向かい地に足つけて着実に一歩一歩進むことに価値がある」と考え、助成を開始した後も、助成先の現場に入り込んできた。

そして実際に変化が起き始めた数々の子どもたちのエピソードをもとに、「心のエンジンの駆動」に関わる仮説と検証を重ね、「心のエンジンの駆動につながる学びには2つのパターンがある」という切り口を見出した。

1つが内発的な『興味・関心』からくる主体的な学び、もう1つが『行動・実践』することによる対話的な学びである。このどちらかが、子どもたちの心のエンジンが駆動する原動力となるのではと推測した。

子どもの主体性を育てるにあたって、大人たちの多くは子どもの『興味・関心』からくる学びこそが効果的だと考える。しかし実際は、自分の興味・関心がどこにあるかわからない子どもも多い。

「好きなことが見つからない」という子どもに主体性を求めるばかりでは、子どもたちにとって息苦しい押し付けになりかねない。助成先の現場からも「とにかく機会を与えて、何かをやらせてみることも大事だと思う」という声があがっていた。つまり、まず『行動・実践』からスタートしてみることも視野に入れるべきなのだ。
カテゴリー2の教育事業者等が行うより先進的、特徴的、効果的な「心のエンジンを駆動させるプログラム」の助成先、一般社団法人ウィルドアの竹田和広氏は「子どもたちは、やりたいことがないのが普通です」と語る。
「高校生は『何に興味がありますか?』と聞いても『特にない』と答える子が大半です。『何かやってみたい』とか『やりたいことを見つけたい』とかいう思いがありつつも、自信がなかったり、何をしていいかわからずに立ち止まったりしているのです。『心のエンジン』は言い換えれば『目的意識』ではないでしょうか? これが定まったときに駆動し始めると思います」(竹田氏)
財団とMURCはこうした声を聞きつつ、助成先で実際に子どもたちの「心のエンジンに火がついた」好事例を収集し、調査・分析を続けている。続く「心のエンジンが駆動した高校生たち」では、その興味深い内容の一部を紹介する。

心のエンジンが駆動した高校生たち

▼探究学習を通して生まれる数々のエピソード

財団は助成開始以降も、高校生の意識や学習に関する課題意識を持ち、事務局自ら助成校へ訪問を重ねてきた。教員や生徒との対話では、生徒の「心のエンジンの駆動」がありありと伝わるエピソードを聞き、多くの気づきを得たという。

まずは教員から聞かれたエピソードの中でも、特に生徒たちの「心のエンジンの駆動」が際立った例を紹介する。

実例1　動物好きのおとなしい生徒に起きた変化

ある生徒は、学校ではあまり目立たず行動的というイメージもなかったが、探究学習で「レッサーパンダの運動量と肥満傾向」という一風変わったテーマを選んだ。研究の意義について教員がきくと、「世の中にまだこうした研究がないから知りたい」というやる気を見せ、「動物が好きだ、飼育動物全般の健康につながることがしたい」という強い気持ちを表して教員を驚かせた。

生徒は探究する中で「動物園にいる動物の食事摂取基準をつくろう」とがんばっていた。将来は動物の研究や飼育に携わる道に進みたいと考えているようだ。

実例2　天文を探究テーマにし高校生になって才能をぐんぐん伸ばしはじめた

ある生徒は数学と天文に興味があり、天文を探究のテーマにした。中学生まではコツコツ地道に頑張るタイプだったが、天文を探究するうちにますますおもしろさを感じたようで、学校外の天文にまつわるコンテストなどを見つけてきては積極的に応募するようになった。知的好奇心を満たすことはいいことだ、という校内の風土もあり、周りから尊敬され、大人からも一目置かれるようになっていった。このような成功体験を得て、コンテストでは数々の賞を受賞している。

実例3　地元の昆虫食文化の探究から環境問題に視野が広がる

ある生徒は、探究学習で地元の昆虫食文化を調べたり、漁師の話を聞いたりする体験を通して地域の課題を知り、社会的なテーマに関心を持つようになった。その後、自分で昆虫の養殖を始めたことからさらに知識をつけ、専門家にコンタクトを取るまでになった。興味の範囲も広がり、ＳＤＧｓに紐づけた大きなテーマについても考えるようになっていった。

活動が注目され、この生徒をモデルにした映画が制作されている。大学生となった現在も、地域の伝統文化や環境文化に関心を持ち、まちづくりを学んでいる。

▼学校全体の「心のエンジンが駆動」することもある

こうした変化は、生徒個々人のみならず、グループワークを実施した際の生徒集団、ひいては学校全体の変化として現れている事例もあったという。その実例を紹介する。

実例４　生徒たちがいきいきし始めた地域二番手の進学校

いわゆる「地域のナンバー２校」だったある高校では、地域で一番の進学校に入れなかった不本意入学の生徒が多かった。けれども助成金を活用して展開した探究学習のプログラムを通して、生徒がいきいきと授業に取り組むようになった。保育所でのボランティアや、温泉施設への取材など、実際の体験が生徒を変容させた。失敗だと思っていた過去の進路選択が、「この高校に入ってよかった」という喜びに変わっていった。

実例5　校外に飛び出せるうれしさで不満が解消された

ある高校の生徒たちは、はじめは探究学習に対して「なぜこんなことをやらなければいけないのか」「面倒くさい」という不満を持っていた。学校側は、このような生徒たちを外に連れ出して、依頼先や地域に迷惑をかけないか心配だった。しかし、いざ取り組み始めると、学校の外に飛び出せるうれしさから、積極的に行動する生徒が続出した。

こうした事例は、まさに財団が描いた「心のエンジンの駆動」にぴったりとあてはまる成功例といえるだろう。財団とMURCはこれらのエピソードをもとに、助成プログラムがどのように生徒たちへ作用し、学びに対する姿勢を変容させていったのか、そのプロセスに注目し、個々のケースの検証にあたった。

結果、これまでの受身形から主体的な行動へと導いたグッドプラクティスには、ある共通点が見えてきた。財団とMURCはこれにヒントを得て、生徒たちの「心のエンジンに火をつける」ためのポイントは、次のように構造化できるのではないかと仮説を立てた。

▼「心のエンジンに火がつく」パターンは2つある

「心のエンジンに火がつく」の好事例には、前述の通り、生徒自身の「興味・関心」に直接紐づく場合と、それ以外にも自分の興味・関心の有無に拘らず「行動・実践」することにより、偶発的に引き起こされた場合との2つのパターンが見られた。

それぞれの特徴は次の通りだ。

1.「興味・関心」から火がつくパターン

「興味・関心」からくるパターンとは、例えば得意分野や好きなこと、現在の楽しみ、あるいは悩みごとや「もっと知りたいと思う気持ち」にもとづく、生徒の個人的な好奇心に始まり、心のエンジンに火がつく例だ。

事例６　自身の悩みを探究テーマにしたベジタリアンの生徒

ある生徒は、ベジタリアンである自分自身の困りごとをもとに探究のテーマを発案した。「友達と食事をする際に困る」という高校生らしい視点で考え、「日本にいるベジタリアンの外国人も同様に困っているのではないか？」とテーマを拡張していき発表につなげた。

実例７　好きな「韓国ドラマ」を探究して留学を決意

「探究のテーマは何でもいい」という自由な風土の学校のある生徒は、好きだった韓国ドラマを探究のテーマにした。これまでは〝観るだけ〟だった韓国ドラマを学びにつなげ探究し始めたことで、ドラマ撮影において最新の技術が使われていることを発見。もっと勉強したいと思うようになり、韓国への留学を決意した。

なお、先に挙げた動物好きな生徒や、天文を探究学習のテーマにした生徒の例もこのパターンにあてはまる。

2.「行動・実践」から火がつくパターン

すべての生徒が自分の「興味・関心」から動き出すことができればそれに越したことはないが、そもそも、高校生のうちから何かに興味・関心を示せる生徒のほうが少ない。そこで鍵となってくるのが、もう1つの「行動・実践」から心のエンジンに火がついたパターンだ。

例えば、「人と関われる、対話できる」「学校の外に出て学べる」「周囲を巻き込みプロジェクトを主導できる」など、行動そのものから得られる体験が着火点になったケースもある。

実例8　たまたま参加したボランティアが進路選択に影響

ある生徒は、夏休みにたまたま参加したボランティアで、小学生への学習支援を行った。この体験がきっかけで「教えることが好き」「楽しい」「自分に向いている」という感覚を得て、これまで興味がなかった教育関係の仕事に興味を持ち始め、進路設定につながった。

実例９　ＳＤＧｓシンポジウムの運営を手伝って行動が変容

ある生徒は地域で開催された「地域とＳＤＧｓ」というテーマのシンポジウムの運営を手伝うことになり、運営に汗を流す大人や他の生徒との交流に刺激を受けた。これ以降、シンポジウムの運営に継続的に参画するようになった。

実例10　災害被災地でのフィールドワークで自分自身と向き合うように

ある生徒は災害被災地でのフィールドワークで、被災者から被災当時の話を聞いて「自分は医師にはなれないが、どうしたらこうした人たちを助けることができるのか」と真剣に考えるようになった。考えた末に、教育分野に興味を持つようになった。

偶然に体験したことをきっかけに何かに気づく、あるいはおもしろさを見出して目覚め、活動がどんどん展開していくようなケースがこれにあたる。

先に挙げた、昆虫食を探究学習のテーマにした生徒の例はこれにあたるといえるだろう。

▼「納得・承認」が心のエンジンを回し続けるキーワード

せっかく心のエンジンに火がついても、それが一時的なもので終わってしまってはもったいない。では、心のエンジンの火を燃やし続けるには、どんな要素が必要なのだろうか。財団とMURCはさらに議論をして、先に挙げた「興味・関心」、「行動・実践」の両方とも、それ単独では維持が難しく、発展的な学びには進展しづらいのではないかという仮説を立てた。これまでに見てきた成功例の背景には、心のエンジンの火を維持・持続させるための周囲からの働きかけや、つながりの存在が大きくかかわっていたからだ。

そこから、高校生自身が「興味・関心」を持ったテーマに社会や地域課題、あるいは教科学習との接点が見えなければ、学校での学び、活動には結びつきにくいのではないか。また、そのテーマに対して他者からの反応が得られないと、主体的に学び続ける動機づけは難しいのではと考えた。

「行動・実践」についても同様のことがいえる。「行動・実践」してみたことが、自分の興味・関心とどのようにつながるのかという振り返りをしないと、単に「動いただけ」で終わってしまい、深い学びにはつながらないのではないか。「行動・実践」したことに対する他者からの評価が見えないと、「何のために動いたのか」がわからず、心のエンジンの火が小さくなってしまうのではないか。

つまり、本人が「興味・関心」を持つこと、また「行動・実践」によってさまざまな社会課題や大人と出会い、対話を通じて「納得感」を得ること、あるいは周囲から「認められる」経験が与えられている、ということが重要なのだ。

財団とMURCは、こうした調査・分析から、心のエンジンの火が消えないようにするためのキーワードとして、「納得・承認」のパターンを見出した。なぜ、そう名づけたのか。次の3つのエピソードからその理由がわかるだろう。

実例11　特別に能力があるがゆえにコミュニケーションが苦手だった生徒

ある生徒は特別に能力があるため普段の生活では周囲とうまくいかない面があったが、数学オリンピックに出場して結果を残したことにより、コミュニケーションを通して周りに承認されるという経験が増えた。これがこの生徒にとって大きな体験となり、自己肯定感が高まった。学校で活躍の場、輝ける場を持つことができるようになったことから、進路の展望も開け、最終的に工学系の大学に推薦で進学した。

実例12　共通の関心を持つ生徒との出会いが学ぶ意欲を駆り立てた

ある生徒は2年生時にゼミを3回変わるなど、安定して探究に取り組めなかった。しかし、他のゼミで自分の関心と似たようなテーマに取り組んでいる生徒を見つけてから行動が変容し、企業に取材を申し入れるなどアクティブに動くようになった。探究テーマはモノレール。結果を残し最終的に論文を仕上げた。

実例13　町のアーティスティックな落書きの研究をした生徒

ある生徒は、町のアーティスティックな落書きを探究テーマにした。当初は教員も研究内容を懐疑的に見ていたが、写真を丹念に撮って分析するなど非常に頑張っている姿から、生徒への見方を変えた。周りからは「イラスト好きではあるが、勉強は得意ではない」という印象を持たれていたが、自発的に学ぶ姿を見て、「この子は将来、何かを成し遂げるかも」と一目置かれる存在になっていった。

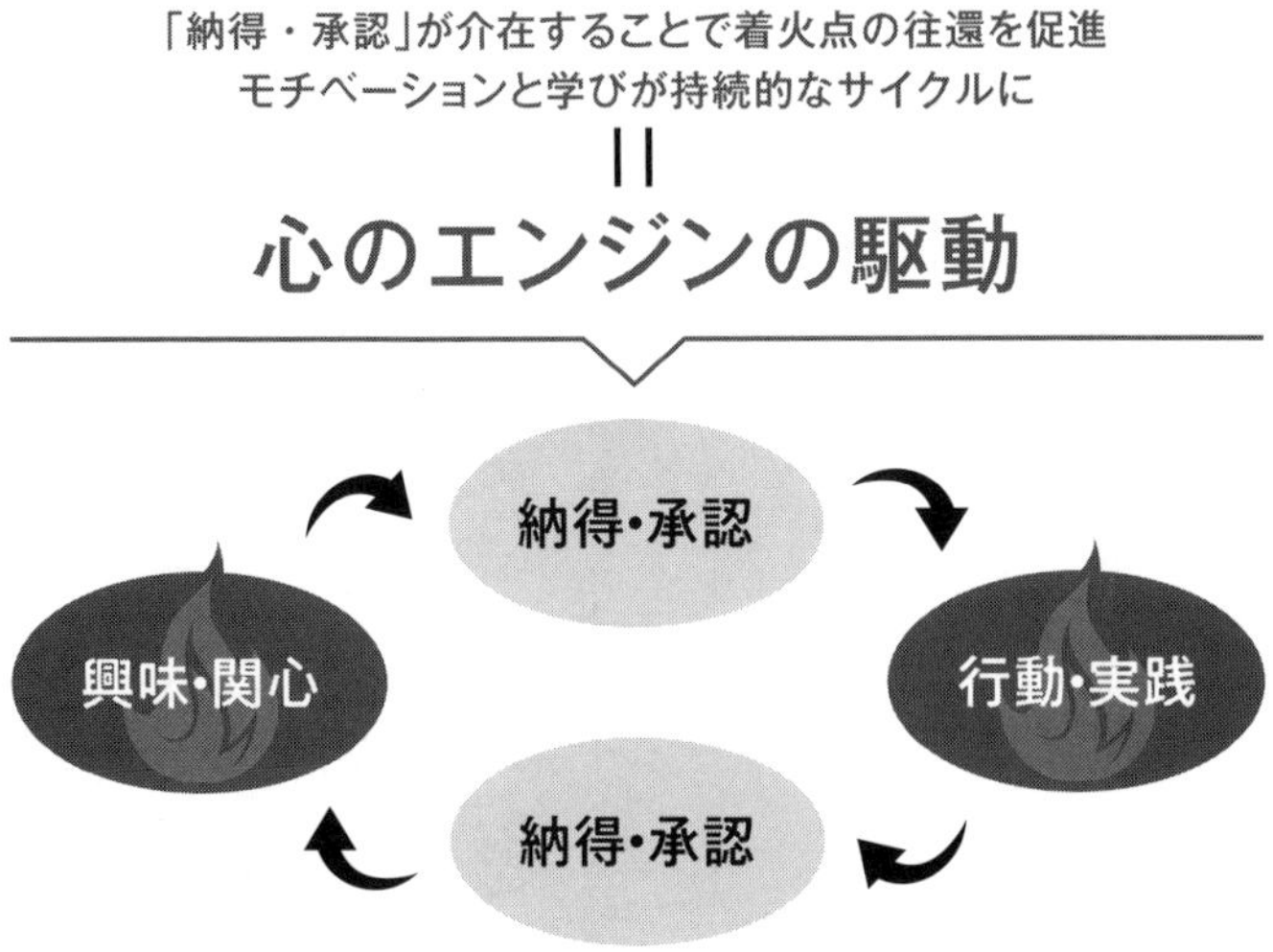

▼循環的な構造が生まれる

財団とMURCではこうした実例に基づいて、図のように、「興味・関心」と「行動・実践」は、「納得・承認」というプロセスを介して循環的な構造にあると考えた。

自らの「興味・関心」が「納得・承認」されることによって「行動・実践」に移すことにつながる、自らの「行動・実践」が「納得・承認」されることによって「興味・関心」につながるといったように、「納得・承認」のプロセスが介在することによって「興味・関心」と行動・実践の2つがつながり、「心のエンジンが持続的に駆動した」状態になる。

確かに、グッドプラクティスを参考にしてプログラムを組み立てると生徒の心のエンジンに火をつけやすくなるが、その火を燃やし続けるには、プログラムやカリキュラムの中に着火点同士を橋渡しする「納得・承認」の機会が織り込まれていることも重要なのだ。

そうなると探究プログラムをつくる際には、適切なタイミングと内容で「納得・承認」のプロセスが組み込まれるように設計することが必要だ、という結論が導かれる。

例えば、多くの高校では探究学習のカリキュラムの中で、成果発表の機会を設けている。こうした発表の機会を「納得・承認」の観点から見るとどうだろうか。

取材した助成先の事例では、ルーブリック（学習の達成度などを評価するツール）を用いて探究学習の評価基準をつくり、下級生、上級生も含めて生徒たちが発表を評価する仕組みを設けていた。ルーブリックを評価基準として用いることで、発表者が評価に対する「納得感」を得られるようにしている。特に生徒の成長を実感している高校では、生徒の発表や事例をすぐに全校生徒にシェアする文化や仕組みを持っており、「承認」経験を生むような形になっていた。

助成プログラムの良し悪しを判断するにおいては、単に「何をするか」だけではなく、「どのように『納得・承認』のプロセスを組みこんでいるか」という視点も重要である。

▼生徒の「過去・現在・未来」の見通しが変化する

ここまで「心のエンジンの駆動」を促す要因について、財団とMURCの調査・分析内容を紹介してきた。

では、心のエンジンが駆動することによってどのような効果があるのか。生徒たちに実際にどんな変化がもたらされたのか。数々の事例から見えてきたのは、心のエンジンが駆動すれば、生徒の学習意欲が総合的に高まるということだった。

探究的な学習の結果として「もっと知りたい」「自身の関心をもっと深めたい」と興味・関心の域が広がり、「もっと聞きに行きたい」「もっと現場に行きたい」といった行動・実践の意欲も高まる。それに加えて、自分自身の思考が深まり、社会課題や地域課題への関わりなどを通して、現在自分が学んでいることに対する納得感が生まれてくる。そして、それがさらなる知的好奇心につながっていく、というサイクルになるのだ。

こうした変化は学びたい、動きたいという意欲を高め視野を広げることから、「現在の見通しの変化」とも呼ぶことができる。加えて事例からは、現在の見通しの変化をきっかけとして、生徒の「過去の結果（自己肯定感）」と「未来の見通し（将来への期待）」の変化につながっているケースも確認できたという。

ここでいう過去の結果とは、例えば先に挙げた事例のように、高校に入学した時点では必ずしも納得のいく進学ではなかった生徒も、入学した高校で心のエンジンが駆動し始めれば、「この学校に入ってよかった」と自分の選択に対して納得感を得られるということだ。

また、未来の見通しについては、自分自身の興味・関心、行動・実践によって視野が広がり、主体的なキャリアの見通しを得る生徒が現れることを指している。これは、その高校で前例になかった進路先を選ぶ生徒が出てくることを意味してもいる。

財団とMURCは、現在、過去、未来の見通しが一体となり広がっていくことが、心のエンジンの駆動による効果ではないかと捉え、次の図のような仮説構造化を行った。

財団のカテゴリー1の助成対象校である学校の生徒たちへ行ったアンケート調査によると、検証対象期間において、自己肯定感の伸びが一貫して見られた。生徒たちの「過去の結果」や「現在の見通し」がポジティブに変換されているからといえるだろう。「未来の見通しの変化」や「過去に対する見方の変化」については、一貫した伸びまでは見られなかったものの、現場への聞き取りから、探究学習による現在の見通しの変化が、過去に対する未来の見通しの変化につながったケースを確認できたという。

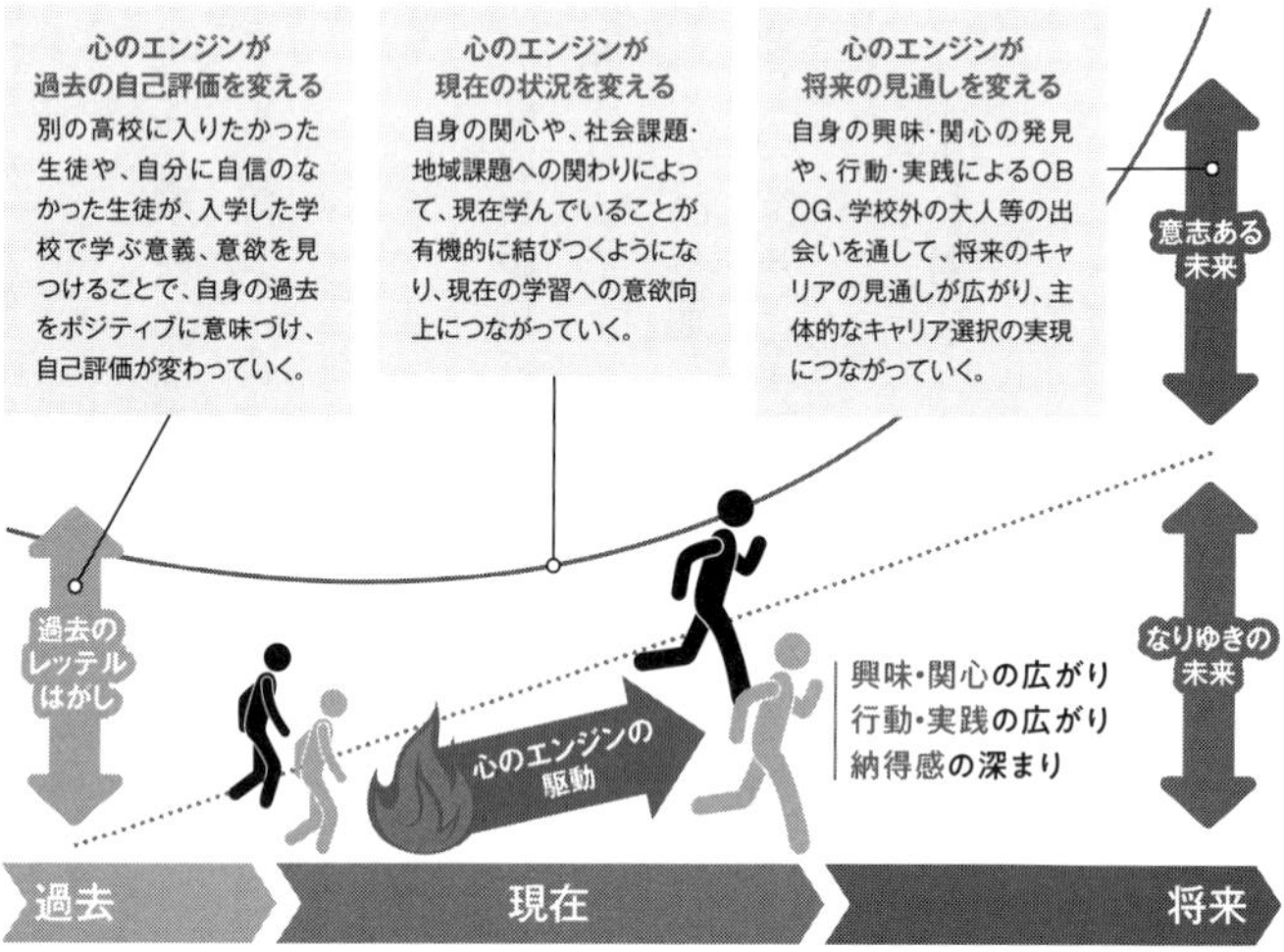
心のエンジンが
過去の自己評価を変える
別の高校に入りたかった生徒や、自分に自信のなかった生徒が、入学した学校で学ぶ意義、意欲を見つけることで、自身の過去をポジティブに意味づけ、自己評価が変わっていく。
心のエンジンが
現在の状況を変える
自身の関心や、社会課題・地域課題への関わりによって、現在学んでいることが有機的に結びつくようになり、現在の学習への意欲向上につながっていく。
心のエンジンが
将来の見通しを変える
自身の興味・関心の発見や、行動・実践によるOBOG、学校外の大人等の出会いを通して、将来のキャリアの見通しが広がり、主体的なキャリア選択の実現につながっていく。
意志ある
未来
過去の
レッテル
はがし
心のエンジンの
駆動
興味・関心の広がり
行動・実践の広がり
納得感の深まり
なりゆきの
未来
過去
現在
将来

▼成果が出た探究学習には共通点が見えた

アンケート調査結果では、心のエンジンが駆動した生徒が特に多かった学校では「協働的な探究学習」の傾向や、「納得・承認」にかかわる「心理的安全性の担保」がされているという傾向が見られた。

また、成果が出た実感のある学校に共通する特徴として、探究的な学びが「総合的な探究の時間」の一教科におさまるのではなく、それ以外の授業とも連携をしていたことが挙げられた。さらに、上級生・下級生が学年をまたいで交流している、探究学習が進路の選択とも組み合わさっているという傾向も見られた。

最後に、こうした探究学習におけるグッドプラクティスの例を6つ紹介していく。

1.「生徒を否定しない」校内の風土づくりをする

探究学習の成果を上げるためには、心理的安全性の担保が必要であることがわかった。

とりわけ「興味・関心」のパターンにおいては、教員からすると懐疑的なテーマを出す生徒もいるが、それを否定するような動きがあれば、生徒は伸び伸びと探究学習に打ち込めない。そのため、全校をあげて「生徒のいうことを肯定的に受け止める」という風土づくりに取り組んでいる事例が見られ、こうした学校は成果を上げていた。

具体的には、新入生に対して最初に対話の素地をつくるため、生徒同士の関心事項をマッピングするワークや、それぞれが大事にしたい価値観（やすらぎ、情熱など）を選ぶワークを行ったりすることで、心理的安全性のある風土を醸成する学校があった。

2．教員が「教える・指導する」ことを手放す

風土づくりにも関連する取り組みとして、教員の姿勢やあり方を変革していく動きも見られた。周囲の大人がじっくりと話を聞き、考える手助けをしてくれる環境が保証されないと、生徒の心のエンジンが駆動する確率が低くなる。

「指導する教員と指導される生徒」という構図のまま探究学習の指導にあたると、ときとして生徒の学びを阻害することにもなる。ここでのポイントは、探究学習を担当する教員だけが生徒に伴走するだけではなく、教員全員で探究学習を支える態

勢をとっていくことが重要だ。

こうした教員のマインドセットの変革を、いち早く進めることが望まれる。

3．学年を超えて生徒たちが学びあう仕組みをつくる

学校全体で成果が出たと実感のある学校では、学年を超えて探究的に学びあう、支えあう仕組みや雰囲気があった。具体的には、成果発表の場は必ず学年を交わらせ、学年を超えて探究学習に関する相談ができるようにするなどの工夫が見られた。

下級生にとっては上級生の学びや成果を目の当たりにすることで、自分の探究学習の見通しを得ることにつながる。上級生にとっては、いわゆる「受験モード」になったとしても、探究学習のマインドを忘れることなく持ち続けられるという利点がある。

本格的な探究活動が終わった後の3年生にも、後輩にアドバイスを与える役割を担ってもらうことで、探究マインドを持続させている学校もあった。こうした学年を超えたつながりは、学校全体に探究学習に対する経験を蓄積することにもつながっていく。

4．偶発的な着火を促すために多様なカリキュラムを用意する

生徒の「心のエンジンの着火」は偶発的であるとの認識のもと、生徒に多様な体験の機会を与えること、また生徒に向けた情報提供をすることを意識している学校では成果が出た実感を得ていた。探究的な学びのカリキュラムやテーマを学校側で設定しつつ、そのカリキュラムやテーマに広がりを持たせ、教員が生徒を巻き込んで学校内外でのさまざまな企画へ参加する機会を与える姿が見られた。

また、それによって生徒の心のエンジンに火がついた際には、その火が消えないうちに、さらなる興味・関心や行動・実践を引き出すため、ともに伴走する教員もいた。

ＩＴ社会に通用するスキルとしてScience（科学）、Technology（技術）、Engineering（工学・ものづくり）、Art（芸術・リベラルアーツ）、Mathematics（数学）を総合的に学習するＳＴＥＡＭ教育が注目されているが、こうした概念を意識した〝ものづくり〟を通して、「失敗しながら学ぶことの重要性」に生徒が気づくことを目指している学校もあった。ここにも偶発性という視点が盛り込まれている。

5.「本気の大人」や社会課題を抱える「現場」との接点を持つ

多くの学校の教員が、生徒の「心のエンジンに火がついた」具体的なエピソードとして、生徒が学校外の「本気の大人」に出会う経験や、フィールドワークを通して社会課題の「現場」に触れることを話していた。はじめは乗り気ではなく、周囲に巻き込まれる形で参加した生徒でも、現場に触れて帰ってくる頃には心のエンジンに火がついているといったケースも複数確認できた。偶発的ではあるが、「行動・実践」によって心のエンジンに火がついた事例である。

一方、複数の高校からは、都市部の生徒は環境に恵まれているため、「地域課題」がリアルに感じられないといった課題も聞かれた。こうした生徒に対しては、課題先進地域と呼ばれる地域でフィールドワークなどを経験させ、心のエンジンの駆動につなげている事例もあった。

6. 教科学習や進路指導も含めた全面的な探究化

探究的な学びを特定の時間に限定せず、その他の教科の学習や進路選択にも取り入れ、学校全体の学びを探究化することに重きを置く学校もあった。課外活動なども含め探究化していくことで、積極的に「探究のフックの総量を増やす」学校もあった。教科学習が「正解を求める」式の指導から変わらなければ、探究における「正解のない問いに向き合う」メッセージも腰砕けになってしまい、生徒はそうした矛盾、欺瞞を見逃さないという指摘もある。

こうした点からも、教員たちが一丸となって探究的な学びの姿勢を一貫させる必要がありそうだ。続く第3章では、助成先の高校の詳細な事例を取り上げながら、カテゴリー1の高等学校などが学校現場で実施する「心のエンジンを駆動させるプログラム」への助成について紹介していく。

なお、「心のエンジンの駆動」については、三菱みらい育成財団とMURCによる研究レポートが2023年中に発表予定である（2023年2月現在）。このレポートは、三菱みらい育成財団のWEBサイトなどで公開される。「心のエンジンが駆動した高校生たち」を読み、興味を持っていただけたなら、ぜひ研究レポートもご覧いただきたい。

第3章

自分で考え、行動する「新時代の学び」を支援する

Supporting a New Era of Learning:
Thinking Independently and Taking Action

「総合的な探究の時間」で、「問い」を立てられる人になる

三菱みらい育成財団では、5つのカテゴリーに分けて重層的に助成を行っている。本章では、高等学校などが学校現場で実施する「心のエンジンを駆動させるプログラム」への助成について解説する。財団ではこの助成をカテゴリー1としている。

この助成活動は、「総合的な探究の時間や教科等、教育課程の一環として、原則として、学年の生徒全員を対象として行うもの」だ。つまり、学校が主体となり、学校の中で「探究」の活動を行うための支援といえる。

探究の時間を含む新高等学校学習指導要領は、2022年度に入学した学年から実施されたが、先進的な高校の中には、この「総合的な探究の時間」の導入より以前から探究学習に取り組んできたところがある。その一つが東京都立八王子東高等学校だ。

1976年に開校した八王子東高校は、東京都教育委員会から指定された進学指導重点校であり、東京都の公立高校の中では入学難度と進学実績においてトップクラスである。

この八王子東高校では、早くから探究学習に取り組んでおり、学校内には「探究部」という部署を設置している。探究部では、高校の3年間でどの時期に何を教えるか、生徒にどういった体験をさせていくべきか、そうした探究学習における計画を立てている。また外部とのコネクションをつくり、折衝を担当している。

八王子東高校の探究学習のコンセプトは「自ら学び 自ら考え 自ら創る」だ。自分の生きる社会の課題を認識し、知識や情報を活かして解決できるようになることを目指している。財団のアドバイザリーボード委員であり八王子東高校の統括校長である宮本氏は、「昔は物知りが尊敬されたが、知識量は今やスマホの検索に代替された。今は、知識をどう活用するか考えられる人にならなければ」と語る。

「適切な問いを立てられるかどうかが重要です。問いが立てられたら、その時点で探究は半分成功したようなものです。高校生活のはじめの方で問いの立て方を教えると、生徒たちは自分の頭で考えられるようになります」（宮本氏）

八王子東高校は進学校であり、高校としては受験実績で評価されることが多い。保護者などから「探究ではなく、もっと教科学習を増やしたほうがいいのでは」という声を聞くこともあったという。

しかし、1年次から探究学習に取り組むことが、受験において不利になることはないと宮本氏はいう。さらに卒業生からは「探究学習に真剣に取り組んだおかげで、大学に入ってからの勉強にすぐ慣れることができた」といった報告もある。

「自分で問いを立て、調査し、考察してまとめることで、長い文章の読み書きが容易になるんです。こうした能力は暗記型の学習ではなかなか身につきません。卒業生からは『高校で身につけた知識が、大学での勉強の取り組み方にそのまま使える』とうれしい声が届いています」（宮本氏）

宮本氏は、探究学習で外部講師を招いたり、他校と協働する機会をつくったりすることで、リーダー教育にもつながると考えている。

「多様な人々と交流する経験が生徒の気づきを促し、他者理解を促進します。生徒が一番伸びるのは、互いから刺激を受け、学び合う状況です。そのため、いくつかの学校で集まってワークショップをしたり、合同合宿をしたりすることができたらとてもいい。同質ではない人たちで協働する、というのがポイントになります」（宮本氏）

京都市立堀川高校は、1999年に「人間探究」と「自然探究」の科目を取り入れ、20年以上探究学習を実施してきた実績を持つ。探究学習の1期生が卒業する2002年に、国公立大学現役合格者数が前年の6人から106人に急増し、この改革は「堀川の奇跡」と呼ばれ注目を集めた。その後も、地元の京都大学には2007年から30人以上の合格者を出すなど、進学校としての実績を積み重ねている。

堀川高校在職時にこの課題探究型の学習を導入した立役者でもある荒瀬克己氏は、新学習指導要領に「総合的な探究の時間」が導入されたことに対し、「晴れがましい気持ちもあるが、むしろ隔世の感があります」と心境を吐露した。教育という土壌では、新たな試みへの風当たりが強くなりがちだ。

「1999年に探究科を設置したときは、冷ややかな目で見る人も多かったんですよ。それがだんだん探究学習について聞かせて欲しいと依頼されることが増え、ついに学習指導要領にまで組み込まれたのですから」(荒瀬氏)

堀川高校では、週2時間「探究基礎」という授業を行っている。この授業では、探究の基礎的な手法や考え方を身につけることを目的としている。1年生の前期には講義やグループワークで論文の書き方や課題設定などを学び、後期では生徒それぞれの興味や関心に基づいて少人数の講座に所属し、各分野の研究手法を身につける。まずは徹底的に、「探究の学び方」を学ぶのだ。ここでは、研究がうまくいかなくても問題ない。

「研究と探究は違うんです。探究は必ずしも成果を出さなくてもいい、と私は考えています。大事なのは、メタ認知ができるかどうか。失敗したなら、なぜ失敗したかを俯瞰して認識できればそれでいいのです。堀川高校の探究は自然探究に〝Academic Inquiry on Science〟、人間探究に〝Academic Inquiry on Culture〟という英訳をあてています。『探究』は〝Inquiry〟、つまり尋ねること、問いが本質だと考えているからです」（荒瀬氏）

このため、堀川高校の探究学習では、生徒自身が問いを立てるのはもちろん、教員にも問いを立てる力が求められる。

「先生が探究しなければ、生徒たちの探究にはつながりません。このあたり、日本の先生は教え込むことに慣れているので考えを変えるのが難しいのですが、生徒と円卓につくような対等な関係で問いを投げかけ、話し合うことが探究学習には必要なのです」（荒瀬氏）

新しい経験を通して、心のエンジンを駆動する

こうした探究学習は、興味が持てること、やりたいことを見つけるための入り口になり、外部との交流で刺激を受ける機会にもなる。そうした経験が「心のエンジンを駆動する」きっかけになるのではないか。探究学習の充実に向けて支援を続けていけば、日本の教育を変えていける可能性がある。財団ではそう考え、カテゴリー1では「総合的な探究の時間を使った取り組み」を助成対象とした。財団の理事の坂東氏は「探究の授業で、これまでの日本の高校生に足りなかった経験をさせてあげられるだろう」と語る。

「授業で『これをやりなさい』というのではなく、本人がおもしろいと感じることを主体的にやってもらう。それは新しい経験ですよね。いきなりやるのは難しく教員の手引きが必要だとは思いますが、これからは学びの主人公が生徒になるのです」（坂東氏）

また、坂東氏は外部講師を呼ぶにあたり、「社会的地位のある人だけでなく、人生において何かに挑戦している人」を選ぶことも重要だという。

「今の高校生の8割以上の親が会社員、公務員ですよね。新しく事業をつくる、といった発想をする人が周りにいない。決められた仕事をしてお給料をもらうという枠の中で、仕事の概念が固まってしまっているのではないでしょうか。さまざまなことにチャレンジしている人に出会い、刺激を受けることで、将来のキャリアイメージもふくらんでいくと思います」(坂東氏)

探究学習は「日本から世界的な起業家が出てこない」という問題の解決にもつながるかもしれないのだ。

選考委員の杉山氏によると、探究への取り組みには各学校、各都道府県で温度差が見られるという。

「トップの進学校が積極的に探究学習に取り組む県もあれば、トップ校はあまり積極的ではないけれど、中堅校が探究学習に熱心で、学びの質をあげようとしている県もあります」(杉山氏)

高校というものには、進学校もあれば教育困難校もあり、その間の中堅校もある。全日制だけでなく、定時制や通信制もあるし、専門科が置かれている農業高校や工業高校、商業高校などもある。さまざまな背景・課題を持った学校があり、求めている解決策も多種多様である。その前提で考えると、置かれている状況や教育方針により、探究学習の導入に消極的な学校があるのも理解ができるだろう。

しかし杉山氏は、この状況は徐々に変わっていくと推測している。総合型選抜（旧来のAO入試が2021年度より名称変更されたもの。各大学が求める人物像に合った受験生を選抜するため、さまざまな試験を組み合わせて行う入試）や学校推薦型選抜の枠が増えることにより、探究学習に目を向けざるを得なくなるからだ。

「総合型選抜と探究学習は相性がいいんです。問題意識を持って、調査研究し、発表する。もしくは何かを創り出す。何かの企画を実現させる。そういったことが大学入試に直結するとしたら、偏差値重視の教育も変わっていくのではないかと思います」（杉山氏）

財団と助成先の相互の視点が、高校を変えるきっかけに

助成先の選考は複数人の選考委員が担当している。大きく東日本・西日本に分けて担当が決まっており、先に登場した荒瀬氏は西日本の担当である。書類選考後の面談では、通り一遍の質問ではなく、プログラムの意図や目的、教員自身の意識な

どについても掘り下げて聞いていく。

「探究は熱意ある先生が主導していることが多いのですが、その熱意には2種類あるように思います。1つは一生懸命生徒の取り組みを支えようという熱意。もう1つは一生懸命生徒たちを引っ張っていこうとする熱意。後者だと、生徒の自主性は育ちにくい。『先生にいわれた通りやればいいや』となってしまうリスクがある。したがって、どういう気持ちでプログラムを進めていこうとしているのか、といったところまで聞いていきます」（荒瀬氏）

生徒がプログラムの内容、企画にどれだけ関与できるかといったことも入念に確認する。例えば、地域活性をテーマにした探究のプログラムは多いが、生徒が本当に関心を持っているかどうかは学校によって変わってくるのが実情だ。

荒瀬氏は、「選考自体が、外部の発想が学校に入るきっかけになっている」と分析する。

面談の時間は30分と短いそうだが、その中で問いを重ねることで、問題の本質に気づく教員もいるという。面談をしていて興味深いのはそんな瞬間でもあると話す。「池に小石がぽちゃんと落ちて波紋が広がっていくように、学校が変わっていくのがとてもおもしろい。高校という組織は基本的に外部機関と接する機会が少ないの

で、僭越ながら、貴重な働きかけになっているのではないかと思います」（荒瀬氏）

また、プログラムの継続性や、生徒がどれだけ自己肯定感を養えるかという点もみている。

「成果がどれだけ出るかは重要ではないと考えています。取り組む過程で、生徒がどれだけ輝けるかがポイント。やってみようとする中で自己肯定感が育ち、それによって新しいことに挑戦する意欲が生まれる。こうした循環が生まれるような取り組みなのかどうかを、かなり重視しています」（荒瀬氏）

さらに、プログラムの検討においては、「この学校にとって、このプログラムをやるべき理由が明確であるかどうか」や、「学校の特徴を強みに変えているか」も重要だという。

選考委員らによると、「現状を直視すること」が、探究のプログラムの成功のために大事な要素だという。探究プログラムにおいては、最初に目標に目がいってしまいやすい。ところが実際に見ないといけないのは現状だという。現状がどうかをしっかりと見極めた上で目標を設定しなければならない。

しかし、荒瀬氏らの話によると、学校などの現場では、現状がどうであれ、まず目標の設定にいってしまうという。ある種、正解主義と似たようなものがあるのではないか、とのことだ。

ピカピカの目標に踊らされずに、「今の生徒たちがどうなのか」をしっかりと見て、生徒や自校の先生たちの状況から、今何ができるのかをまず考える。もし、現状が理想には程遠かったとしても、着実な現状把握に基づいて、少しずつでもやっていく。こうした現場の、地に足がついた取り組みが必要なのだという。

「心のエンジンを駆動する」というコンセプトに共感して応募する学校は、基本的に生徒のことを考え、教育に対して熱意を持っている。その気持ちに感化され、選考にも熱が入る。

「やはり、選考委員会では順番を付け選考をしますが、不採択となったところも含めて、どこも一生懸命にやっていらっしゃる。そこに支えられて選考する側も、いい加減な審査はできないということは強く思いますね」（荒瀬氏）

荒瀬氏は「学校はどこも頑張っている」と前置きした上で、さらに次のように話す。

「書類を拝見する中で、第三者が読めば一目でわかるような、日本語として不自然な点があったり、不備があったりすることもあります。担当の方が孤独に文書を書いて申請しているのではないかと思います。良いプログラムというのは、みんなで寄ってたかって『こっちがいいんじゃないか、あっちがいいんじゃないか』『いや、これではおもしろくないぞ』といったやりとりがあった上で申請されている印象を持ちます」（荒瀬氏）

日本中で広がる探究と、応募プログラムの多様化

杉山氏は、カテゴリー1の高等学校などが学校現場で実施する「心のエンジンを駆動させるプログラム」に応募があるプログラムとして、大きく2種類が見られると分析する。

「1つは都市部の進学校で、自ら世界的な課題を見つけて、調べ、論文としてまとめるようなプログラム。国際交流などもプログラム内に入ってきます。もう1つは、地方の中堅校で地域課題に取り組むようなプログラム。前者はいわゆるエリート教育ですが、そこだけに助成しても日本の教育は変えられない。地方の教育を底上げするようなプログラムも重要で、この2つでうまくバランスをとっていくことで、日本の教育全体が変えられるかもしれない、という希望を持ちました」（杉山氏）

宮城県はトップ校が探究学習に熱心で、応募も多かったという。「いずれも課題研究型のプログラムとして優れていた」という評価だった。また、2021年度の1年生から、3年にわたる探究プログラムをスタートさせた和歌山県立箕島高等学校のプログラムは「うまく生徒の心のエンジンを動かしている」と感じたそうだ。「この学校は普通科のほかに、機械科や情報経営科といった専門学科があります。通常、そうした専門学科がある場合、学科ごとのバラバラの取り組みになってしまうことが多い。でもここは、SDGsという観点で統一して、プログラムを構成しているんです。熱意のある先生が全体をうまく巻き込んで、生徒のやる気を引き出していると感じました」（杉山氏）

財団は助成をしながら、探究プログラムの取り組みを検証・整理している。高校などが学校現場で実施している「心のエンジンを駆動するプログラム」の採択は2020年度から2022年度までで約150件。ここでは、P92の「心のエンジンが駆動した高校生たち」で紹介した視点を踏まえながら、4つの学校の取り組みを紹介していく。

1つ目は、「学校の特徴を強みに変えている」と、選考委員などから高い評価を受けた、宮崎県立宮崎東高校定時制夜間部の採択プログラム「生徒が生きがいを感じるための探究活動」だ。生徒に自己肯定感を持ってもらうために、外部講師と連携しながらさまざまな試行錯誤を重ねている。

2つ目は、財団事務局から「すばらしい」と評された、埼玉県立浦和高校の「総合的な探究の時間」だ。伝統校ゆえのOBの層の厚さと、教員間の協力体制、長年探究活動を積み上げてきた実績から得られたノウハウ、先生たちの取り組み姿勢など、探究プログラムを成功させる要素がそろった事例として紹介する。

3つ目は、福島県会津若松市の中心部にある、福島県立葵高校だ。生徒の「主体的に生きる力」を伸ばすために、課題設定を生徒の自主性にうまく任せている。生徒に好きにさせるコツや、先生自身が楽しんで取り組む意義などを解説する。

4つ目は、徳島県立池田高校だ。徳島県三好市、四国山脈に囲まれた山間部にあり、かつて高校野球の「やまびこ打線」で名をはせた。池田高校でローカルなネットワークを利用して、生徒が地域における課題を探り、解決に向けて取り組んでいくプログラムを紹介する。過疎や高齢化が深刻な課題先進地域の1つとして、地域の大人が教育をバックアップしている事例としても紹介したい。

宮崎県立宮崎東高校定時制夜間部

定時制の特徴を「強み」に変える
～生徒が生きがいを感じるための探究学習～

定時制高校の「総合的な探究の時間」のパイロット校を目指す

全日制の高校よりも「生徒たちの学びに対する意欲が低いのではないか」「統制がとれず校内も荒れているのではないか」といった印象を持たれやすい定時制高校夜間部。そのイメージを払拭し「定時制高校の『総合的な探究の時間』のパイロット校」になることを目指しているのが、宮崎東高校の定時制課程夜間部である。

同校の助成プログラムを担当しているのは教員の西山正三氏。前赴任先ではスーパーグローバルハイスクール（P49）の事務局長を務めており、探究活動の指導経験を評価され、2018年に同校に異動してきた当初からプロジェクトリーダーを任されている。

同校には小・中学校で不登校を経験している生徒が多く、自己肯定感が低い子も多い。しかし、それは生徒のせいではないというのが西山先生の考えだ。「興味・関心が既存の教科にあてはまらないからこそ本校へ来ている。それ以外の物事への興味・関心や才能が眠っているはず」と捉え、好きなもの・得意なものを見つけて進路へつなげていくための時間として、「生徒が生きがいを感じるための探究活動」のプログラムを組み立てている。

同校では毎週火曜の1コマを使い、次のような内容に取り組む。

●新入年次…「自己探究」。思考ツールや哲学対話を通し、自分の好きなところを見つけ、探究活動のテーマを設定し、まとめる

●在校年次…「社会探究」。各自のテーマに沿って実際に探究活動を行い、まとめる

●卒業年次…「進路探究」。今まで行ってきた探究活動の視点から実際の進路実現につなげ、その過程をまとめる

※同校は3年あるいは4年で卒業となるため、入学した年次を「新入年次」、最

終学年を「卒業年次」、それ以外の年次を「在校年次」としている。

哲学対話で自分を知り、論理的思考で「問う力」を育てる

新入年次の前半では、自分のことを知って好きになるための深掘り作業を行う。自分の強みを知るワークや、他者の考えを取り込むコミュニケーションのワーク、マインドマップやマンダラートを用いたメタ認知を養うワークのほか、読書によって知識や情報を得る。

後半では東京大学の梶谷真司教授による哲学対話を行い、さらに、情報を論理的に整理・分類・集約する際に使われる「5W2H」で問いを立て、課題設定につなげていく。5W2Hとは、「When（いつ）」「Where（どこで）」「Who（だれが）」「What（なにを）」「Why（なぜ）」「How（どのように）」「How Much（いくらで）」の頭文字をとった、ビジネスシーンでも使われるフレームワークだ。

哲学対話を取り入れているのは、「何をいってもいい」「人のいうことに対して否定的な態度をとらない」「意見が変わってもいい」などの哲学対話の基本的なルールを、同校の生徒たちに身につけて欲しいと考えたからだという。

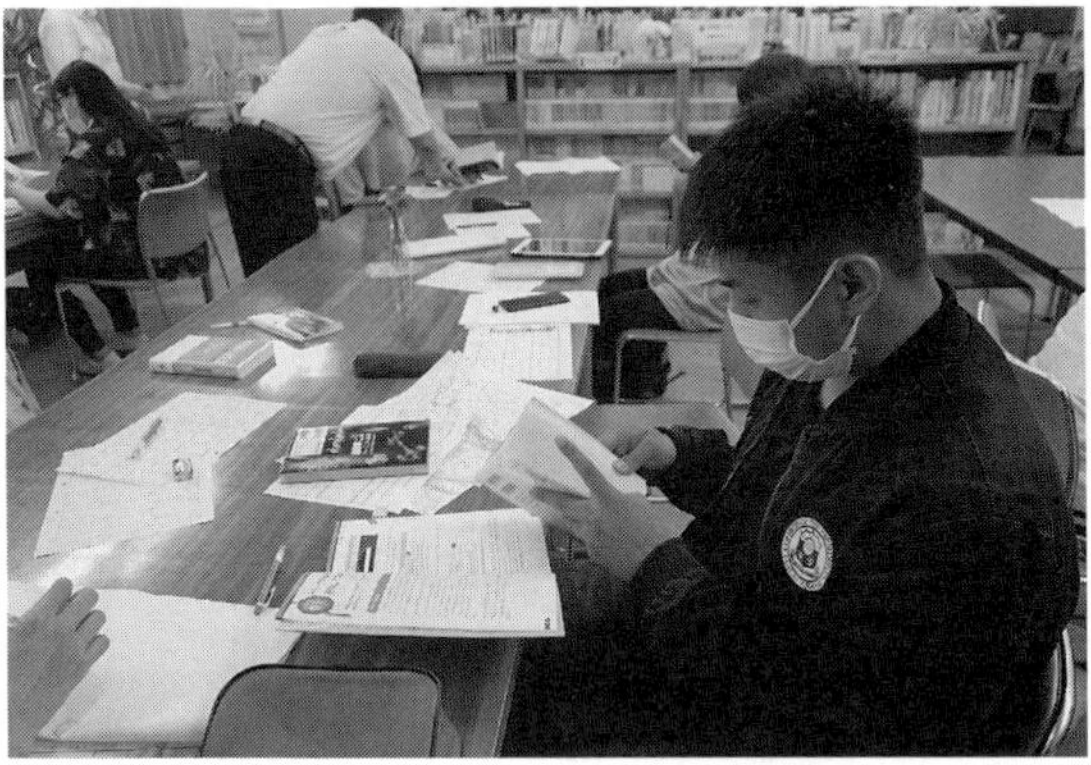

マンダラートを利用したり、課題研究に関する書籍を読んだりして、課題設定につなげている。

オンラインでの授業も積極的に行う。梶谷教授による哲学対話の時間。

哲学とは先人の教えを知るだけではなく、自ら問い、考え、語り、聞くことであり、結果的にそれが他者との対話につながっていく。他者とのコミュニケーションが苦手な同校の生徒に、こうした教科は効果的ではないかと考えたそうだ。

具体的には、各自が疑問に思っていることを5、6人で出し合い、その中からテーマを1つ選んで対話をする。「5W2H」で問いを深めていくうちに、発展的で答えのない哲学的な課題が生まれてくるという。西山先生は「生徒たちの問う力が強くなってきているように感じる」といい、例えばこれまでに「バナナはおやつに入るのか」「ゴキブリはなぜ嫌われるのか」「物語『ごんぎつね』のごんと兵十が裁判をしたら、どちらが勝つか」などを探究した生徒がいたそうだ。

最初は何も話せなかった生徒も、回を重ねるにつれどんどん発言するようになるなど、変化が見られるようになった。「話すことは怖くないという経験を積むことで、人を信用できるようになるのでは」と西山先生はいう。

哲学対話の教科は「普通とは何か」「恋愛とは何か」といったテーマについて考えられるようになるだけでなく、生徒が論理的に自分の将来を考えられるようになったという変化ももたらした。確実に変わってきた生徒たちの姿から、「考える力や興味関心、意欲といったものはいつからでも育てられる」と西山先生は感じていた。

また、哲学対話の意外な副産物として、生徒たちの集団行動がスムーズになったことも挙げた。以前は体育館で一列に並ぶことが困難な生徒も多かったが、今はそんな生徒の数が明らかに減り、列にまとまりが見られるようになったという。

教科をまたいで生徒たちの学力が伸びる探究学習

在校年次では、生徒たちの意識を社会へと向けていく。実際に探究活動を行い、情報を収集しながら整理・分析し、要旨をまとめたりプレゼンテーションしたりする。

要旨をまとめる際は「English Title」「Abstract」「Keywords」の部分を英語の授業内で行っている。先述した論理的思考を養うフレームワーク「5W2H」の前段階として、「5W2H」から「How Much（いくらで）」をひいた「5W1H」も英語の授業内で教えている。プレゼンテーションシートやアンケートフォームの作成は「情報」の授業で担う。新入年次の自己探究で行う読書は「国語」の授業だ。

今後は新聞スクラップなども取り入れたいと考えている。

特筆すべきは、こうしたプログラムを実施する中で、国語の学力が急に伸びたことだ。

「年に一度、ベネッセの基礎力診断テストを受けているのですが、国語の授業がなかった年度にもかかわらず、翌年に国語の点数がぐっと上がっていました。探究活動が影響しているのではないかと国語の教員から話がありました」(西山先生)

卒業年次では、それまで行ってきたワークや探究学習のノウハウを利用し、キャリア形成につなげる。「進路マインドマップ」を作成し、自分の進路意識と社会的意義とのマッチングを行う。自分が将来何をしたいかだけでなく、それが社会にどう役立つのかという側面からもアプローチしている。

また、毎年12月には全員参加で「総合探究成果発表会」の予選を行い、各学年3名の代表者を選出。選ばれた生徒は本選となる1月の発表会に出場する。先述した「ごんぎつね裁判」を探究テーマとした生徒も代表に選ばれ、法律について熱心に調べていたという。

なお、発表会後には、燃え尽き症候群のような状態になる生徒が見られたことが、今後の課題の1つになったそうだ。「卒業年次0学期」という位置付けで、発表会後には進路に関するマインドマップの作成を予定している。

西山先生は「各科目の先生が何名もいらっしゃるような大きな学校だと、なかなかすんなりいかないかもしれません。しかし、うちは小さな学校ですので」と話す。教科をまたいだ横断的な探究がスムーズに行えるという点で、同校には非常に恵まれた土壌があるといえる。加えて、「教員に対して年次計画をしっかり提示することも肝」だといい、リクルートや産業能率大学から講師を招いたりして、職員への研修に力を入れているそうだ。

定時制でもできる、定時制だからこそできる

同校では各学年20名程度の小規模の学校であるため、パソコンを生徒1人に1台支給できている。前述のような学習において、生徒たちはパソコンを使ってスムーズな情報収集や各種の作業を行うことが可能になっている。まさに、学校の特徴が強みとなっている一面だ。

さらに、同校の圧倒的な強みは「夜間に授業が行われる」ことにある。外部人材

を講師として招く場合、昼間だと本業との兼ね合いで難しいケースも、夕方以降であれば対応してもらいやすい。

西山先生が最も意識していることは、生徒がいろいろな業界の人と触れる機会を増やすことだという。外部の優秀な人材と出会ったり対話したりすることで、生徒に気づきがもたらされ、個々の才能が伸びるきっかけをつくれると考えている。

「例えば絵や小説などの才能を持っている生徒なら、彼らの関心は既存の教科にあてはまらないかもしれない。いろいろな人と出会うことで生徒が持つ才能を見つけたり、伸ばしたりしてあげられればいい」（西山先生）

哲学対話を担当する東京大学の梶谷教授は、新入年次のアドバイザーという立ち位置だ。在校年次2年生のアドバイザーを務めているのは、物理学博士でもあり教育支援事業やコンサルティング事業を行うGlocal Academy代表理事の岡本尚也氏。また、在校年次3年生のアドバイザーを務めているのは、宮崎県内でのSDGs啓発の第一人者である株式会社シンク・オブ・アザーズの代表取締役の難波裕扶子氏だ。こうした外部の有識者や経営者たちに、生徒たちと定期的かつ継続的に交流してもらっている。

前赴任先の伝手で、台湾出身の女性に「日本と台湾の違い」についてオンラインで話してもらった際は、自ら質問事項をノートにまとめてくるという積極的な行動を見せた生徒もいた。西山先生は「いい人がいる」と聞けばすぐに職員会議にかけ、招くようにしているという。

また、青森県や福岡県の定時制高校との交流を試みたり、合同で探究学習の発表会を検討したりと、他の定時制高校との接点も持っている。家庭と学校の往復のみで世界が狭くなりがちな生徒に出会いの場を増やせば、心のエンジンが駆動するきっかけを得るチャンスも増えていく。そう考え、第三者の視点を取り入れる機会を数多く設けているのは、同校の探究活動における大きな特徴だ。

夜間部ゆえに昼夜逆転の生活を送る生徒が少なくないことをふまえると、こうした取り組みが生徒たちにとって新鮮な体験となるのは間違いない。

同校のプログラムでは「総合的な探究の時間をもっとやりたい」と主張する生徒が現れている点も評価できる。「『楽しい』といっています。ホワイトボードを独り占めして、講師とずっと対話している子もいます」と西山先生はいう。まさに生徒の心のエンジンが駆動している証拠だろう。

実は、数年前まで同校の入学者は、半数が退学していく状態だった。しかし、ここ3年ほどはほとんど退学者が出ていない。探究活動との相関関係は検証していないというが、興味深い現象である。

「助成してもらっている間に外部からたくさんの方に来ていただく中で、有識者や経営者の方々に宮崎東高校定時制夜間部の教育への取り組みに興味を持ってもらえれば、助成後も何らかの形でサポートしていただけるかもしれない。そうすれば現在のやり方を継続できるのではないか」との考えも念頭にあるそうだ。

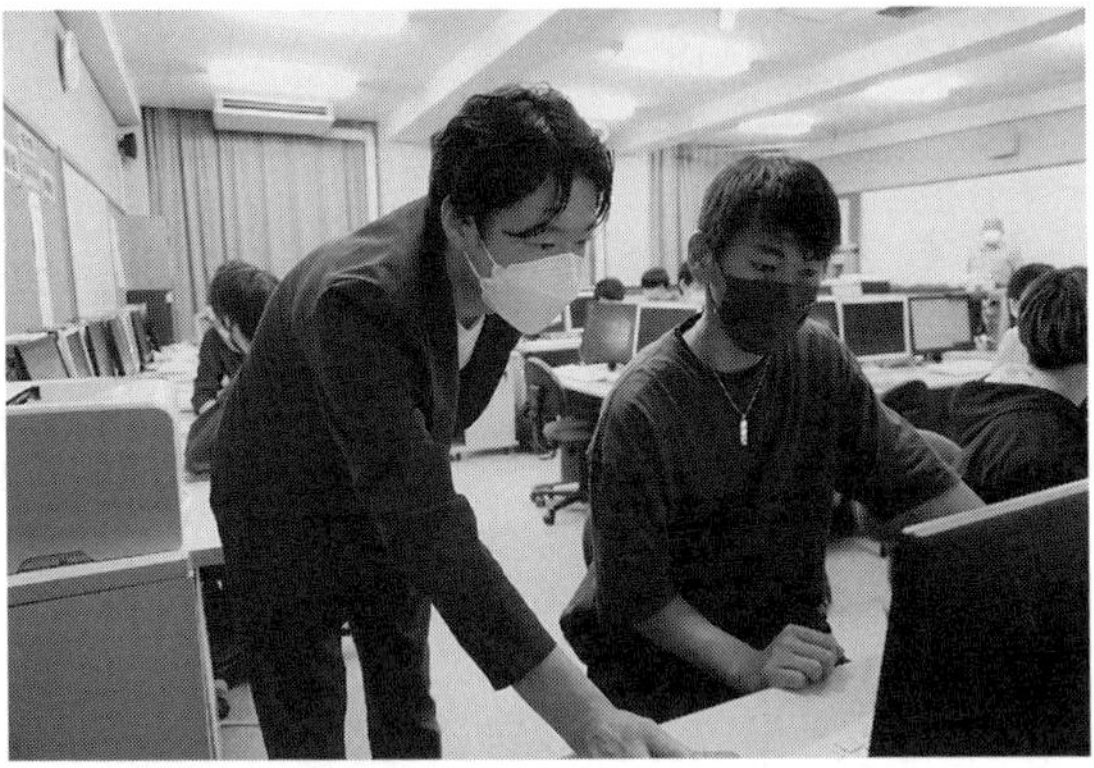

スポーツの意義についてGlocalAcademy代表理事の岡本尚也氏からアドバイスを受けている様子。

マインドマップを用いて、法律について教員とともに考えている様子。

埼玉県立浦和高校

名門進学校ゆえの課題とは？
～身近なテーマを探究し主体性を育てる～

20年前から総合的な探究の時間を導入

全国屈指の進学校である、埼玉県立浦和高校。２０１４年度から２０１８年度にかけて文部科学省のスーパーグローバルハイスクール（ＳＧＨ）にも指定されている。同校は「世界のどこかを支える人材」として次世代のリーダーの育成を目指しているが、助成プログラムを担当する教員の塩原壮先生によると「与えられた課題に対応する能力は高いが、自分で問いを立ててその答えを探す能力には伸ばす余地のある生徒が多い」そうだ。

同校では、「総合的な学習」を導入した約20年前から、教員が設定したテーマに集うゼミ形式での探究学習「アドバイザリーグループ」、通称「アドグル」を伝統的に行ってきた。また、２０２２年の新学習指導要領の開始に先駆け、埼玉県では

3年前倒しで「総合的な探究の時間」への取り組みを開始。翌年の2020年から三菱みらい育成財団の同校への助成が始まった。

同校のプログラムは次のような内容である（2020年当時）。

●1年次…週2時間（水曜6・7限）を用いて、「課題設定↓情報収集↓整理・分析↓まとめ・表現」の探究サイクルを生徒に回転させる。これを複数回行うことで基本的スキルとマインド（主体性、協調性、有益性、思考力、判断力等）を育成

●2年次…1年次の活動をもとに、週1時間、半年または1年の期間を用いて、教員または生徒自らが設定する課題についての探究活動を行う（この活動が右に述べた「アドグル」と呼ぶ）

●3年次…2年次からのアドグルを継続するパターン、新たにテーマを設定するパターン、進路に絡めてキャリア探究をするパターンに分かれ、それぞれ探究活動を行うことを検討中（2022年度入学生から実施予定）

学びの枠を壊して「好きなこと」を追究させる

探究活動に必要な基本的なスキルとマインドを1年次で身につけ、2年次で具体的なテーマに取り組む。3年次は、最大2年の探究活動が行えるという継続性と、下級生が上級生の様子を見ながら共に活動できる点が特色だ。扱うテーマも「昆虫食」「メタ認知」「生と性」など、さまざまである。

もちろん、誰もがスムーズに探究にのめり込めるわけではない。「生徒の問いがなかなか立たない」というのが現場の教員の声である。そもそも、同校の生徒は真面目で優等生的であり、「教員が何を望んでいるか」「どうすれば大人に喜ばれるか」を無意識に先読みしたりする傾向がある。その殻を破ってもらいたい、失敗もしてもらいたいとの願いは教員たちに強くある。

そこで、特に1年次では「地球規模のような大きなテーマを考えなくてもいい」と意識して伝えている。例えば、2019年度1年次の1周目のサイクルでは「自宅から学校までの通学中にある課題」、2周目では「学内にある課題」といったように、身の回りから探究を始めてもらう形をとる。そのような身近な課題が、ひいては地球規模の課題やＳＤＧｓにつながっていると気づかせることが狙いでもある。

助成が始まった初年度には、あらかじめ教員が設定する形のアドグルのほかに、生徒自らのテーマ設定を前提とした「とことんやってみよう探究」とネーミングされたアドグルを開講。生徒を変容させるには、本当に好きなこと、あるいはこれまで時間がなくて探究したくてもできていなかったことを、突き詰める機会を用意すればいいのではと考えた結果だという。

「とことんやってみよう探究」のアドグルで問いを立ててもらうための試みとして、外部講師から指導を受けて自分の過去を振り返ってもらう取り組みも行った。『Miro』というオンラインホワイトボードツールを使い、付箋をどんどん貼っていくような感覚で言葉や概念を書き出し、自らを深掘りするのだ。コロナ禍における行動制限が解除されて以降は、実際に付箋を活用しながら同様の内容を行った。

「総合的な探究の時間やアドグルの時間には何をやってもいい」というメッセージを強く生徒に伝える必要もあった。そこで「シンプルで、一見くだらなく見えるものでもいいんだよ」という声かけをしていたところ、ポケットモンスター（通称：ポケモン）のゲームに関するテーマを思いついた生徒がいた。あるポケモンの出現率がネットで得られる情報よりも低いと感じ、それをそのまま探究のテーマにして検証してみたいというのだ。

ゲームをやり込んで何千回と検証を重ね、ついに実際の出現率のほうが低いことを突き止めた。数学的な確率やエビデンス的な要素も取り入れ、夢中になって探究していたという。もともと自分が興味を持ったことを突き詰めたい性格の生徒であったというが、この経験を経て学業成績のほうも飛躍的に伸びた。当初の進学希望先であった早稲田大学を東京大学へと変更し、見事合格を果たしたそうだ。

アドグルでの探究活動をきっかけに進路を決めた生徒や、「大学生活で探究活動が役に立った」と実感している卒業生も少なくないという。大学生活に限らず、社会に出てから役立つこともあるのではないかともうひとりの担当の森川大地先生は考えている。

現役で活躍する「本気の大人」との交流が刺激になる

助成金の使い道の多くは、このようなアドグル活動に招く講師や、進路指導の一環としてのＯＢ講話の講師への謝金に使われている。「呼びたくても金銭的に厳しかった専門家を呼べるようになった」そうだ。

同校のＯＢには宇宙飛行士の若田光一氏などの著名人が多く、恵まれた状況といえる。教員たちの体感として、同校の生徒が最も刺激を受けるのは「先輩・後輩」と「その道のプロフェッショナル」であり、各分野で現役で活躍するＯＢを招くことには大きな利点がある。このような熱意を持った「本気の大人」との出会いは、生徒の心のエンジンを刺激するはずだ。

「著名な方はお忙しくて、そうそうお呼びできないのですが、幸いオンラインが普及してきているので、学校までお越しいただくのは難しくても、30分だけオンラインでつなぐといった形でなら、話を聞けるんです。それだけでも、生徒たちの気持ちがぐっと高まりますね」（塩原先生）

そうしたＯＢとの交流がきっかけで、授業への取り組み方や発言内容が変わり、生徒たちが変容していくのを確かに感じることができるという。同校では県内他校との連携を図り、探究活動の合同発表会を行っていることからも、外部との交流やそこからの刺激を大事にしていることが窺える。

コロナ禍においては外部との交流が難しい局面も多く、講師を呼ぶ際の助成金が浮いてしまうこともあった。その際は、助成金の使い道を変更し、探究活動に欠かせないインフラの整備として:iPadを購入したという。

同校では助成が始まるはるか以前から「学校生活全般が探究である」と考えてきた。授業でも積極的に話し合いをさせたり発問の仕方を工夫するなど、生徒の主体性を養うことを意識してきた。

そのような土壌に財団の助成が加わり、生徒の探究的な学びの機会をさらに増やすことができている。何がきっかけで心のエンジンが駆動するかは生徒によってさまざまだが、与えられる機会が多様であればあるほど、心のエンジンが駆動する確率は上がるだろう。


今後の課題の1つとしては、教員の伴走者的な働きを広げていくことだととらえている。「生徒を導かねばならない」ではなく、「生徒に問いかけ、一緒に考える」ことが大切になる。職員会議で定期的な周知を継続するとともに、外部講師を呼ぶ形で探究活動に関する研修会を実施したり、教員同士で腹を割って議論したりすることも必要だと考えている。

「探究と勉強は相反するものではない」というメッセージを広く共有する必要もあ

1年生の「総合的な探究の時間」の様子。「課題設定→情報収集→整理・分析→まとめ・表現」の探究サイクルを回す方法を学ぶ。この写真は「まとめ・表現」の一コマ。

OBによる講演の様子。模擬試験の成績表を例に、モチベーションの上げ方や受験の戦略の立て方を伝えている。

ると塩原先生は考えている。探究活動で扱えそうなテーマを集め、うまく教科を超えてコラボレーションする方法も検討中だ。「とことんやってみよう探究」で、ポケモンのゲームをテーマにして実践した生徒のように、探究学習が進学実績へ結びついた事例などが増えていけば、納得感を得て、後に続く教員も増えていくはずだ。

生徒の心のエンジンを駆動させるためには、伴走者である教員たちの心のエンジンも駆動していることが大事だと塩原先生はいう。その状態こそが、最終的には学校の風土へとつながっていくだろう。

２年生のアドグルの様子。生徒に本当に好きなことを突き詰めてもらうことを目指している。

２年生のアドグルの中で、メンターから個別にアドバイスを受けている様子。

福島県立葵高校

ＡＩに代替されない生きる力の育成
～課題探究活動「葵ゼミ」を通して～

「人間ならでは」の思考力の鍵とは

人工知能（ＡＩ）による技術革新時代には「人間ならでは」の能力の育成が大事になる。自分の意志で、責任を持って一つひとつの選択ができるような高校生になってほしい――そんな願いを込め、「私の選択には、意志がある」というスローガンを制定している福島県立葵高校。

進学校ではあるが地域では二番手ゆえに、第一志望への入学が叶わず、不本意ながら同校に入学してくる生徒もいる。そんな生徒たちの主体性を引き出す働きかけの中心が「葵ゼミ」と名付けられた課題探究活動である。１・２年次に全員が履修する「総合的な探究の時間」で取り組んでいる。プログラムの全体像は次の通りだ。

●1年次…探究のスキルを身につけると共に、地域課題への対応等をとおして社会への視野を広げる（「自分ノート」の作成と発表／外部講師を招いての自分を知るためのワークショップ／課題探究活動の流れを体験する「ロジカルシンキング講座」受講／市役所や地元企業や大学の出前講座の受講／2年次の所属ゼミと探究テーマの検討／フィールドワーク、ワークショップへの参加／地域の施設訪問研修）

●2年次…1年次の経験を活かした個人探究を進めながら、探究テーマと社会との関わりを考え、自分の関心を深める。①育児・教育②文化・社会③政治・経済④スポーツ・健康⑤医療・福祉⑥理工・情報⑦農業・生活の7つのゼミに分かれ、個別の課題探究を行う（仮説設定／仮説立証のための調べ学習、アンケート調査、フィールドワーク、実験等／課題研究発表会）

●学年共通…年4回、ルーブリック「葵高校生が身につけたい10のチカラ」をもとに自己評価を行う

現状に合わせた試行錯誤

同校の「総合的な探究の時間」を担当するのは、主担当になって2年目の浦埜好美先生。前任者から引き継いだ葵ゼミの土台をブラッシュアップする形で現在の内容を設定している。生徒の興味関心を引き出すため、2年目の今年からは1年次の「自分を知るためのワーク」の過程でマンダラチャートを取り入れてみたという。

そのほか、浦埜先生が担当する美術の授業において、アートを活用したアクティブラーニング「未来を描くプログラム」（一般社団法人ELAB）も始めた。同プログラムの受講は美術選択の生徒のみにとどまるものの、鑑賞ワークや制作ワークを通じ、他者の価値観を尊重することを学び「自分の考えを大事にしていい」と伝え続けた結果、自分の考えを表現する力の高まりを実感しているそうだ。教員よりも外部講師が伝えたほうが生徒への影響力が大きいことも感じているという。なお、一般社団法人ELABは、財団のカテゴリー2とカテゴリー5の助成先でもある。助成先同士のコラボレーションも行われているのだ。

課題設定を促すコツは「好きにさせる」こと

同校は会津若松市の中心校であり、会津地方といえば地域愛の強いことで知られる。同校の生徒が設定する探究テーマも地域に関連したものは少なくない。しかし、実は、最初から「地域が抱える問題を探究課題にしましょう」と声をかけてしまうと、生徒からこのようなテーマは出てこないのだという。

実際、浦埜先生が「総合的な探究の時間」を引き継いだ当初は探究テーマを「会津地域が抱えている課題」と制限していたという。しかし、いくら働きかけても生徒からの反応は薄かった。あえて「好きにしてごらん」と縛りを外した途端にアイデアが出るようになったそうだ。

「どんなジャンルに興味があるの？」といった問いかけからスタートし、テーマを本人の興味関心に合わせて絞り込んだ結果、地域課題に落とし込んできた生徒はそれまで以上に増えたという。例えば、「会津塗、会津木綿、会津絵ろうそく、小法師などの伝統工芸品を地元の人は買っているのか」「高校生が地元で起業するにはどうすればよいか」「近所にある国際交流協会を知ってもらうにはどんな取り組みをすればよいか」といったテーマが設定されたというが、当人たちはそれを地域課題と意識していない可能性もあると浦埜先生は話す。生徒に問いを立てさせるうえでの重要なヒントがここにある。

ちなみに、浦埜先生によると「課題解決という言葉は強すぎる」。「自分では解決できない」と諦めてしまう生徒が多いという。解決には「改善」も含まれることや、「良いほうへ変化するのならＯＫ」と強調することを意識しているという。

さらに、「好きにさせる」ことはスケジューリングの面でも効果的だという。教員側が年間計画を提示するよりも、生徒それぞれに任せたほうがうまくいきやすいことがわかったという。任せてもできない子も一定数いるとはいえ、逆に、前倒しで動くような子も出てきた。「探究計画書」を生徒本人につくらせ、アンケートやフィールドワークなどの調査をいつまでに終わらせれば間に合うのか、結果を整理したり考察したりするのにはどれくらい時間がかかるかを考えさせるそうだ。このような生徒の変化は、教員が「教える・指導する」ことを手放す重要性を示唆して

１年生がミッションサポーター（探究活動に協力してくれる学校外の施設・組織）の事務所にてヒアリングを行っている場面。

１年生の美術の時間において、未来を描くプログラムを語り合っている様子。

いる。

大人の〝悪ノリ〟が生徒の心のエンジンの駆動を刺激することも

一方で、教員からの積極的な働きかけが生徒の心のエンジンの駆動を刺激したり、「本気の大人」や社会課題の「現場」との出会いを後押ししたりすることもある。

地域との関わり方は生徒によってさまざまだ。フィールドワークや取材、ボランティア活動といったことに積極的な生徒もいれば、そうでない子もいる。浦埜先生をはじめ、人によっては「○○さんが行くといっていたから、あなたの分もついでに申し込んでおいたよ」と、興味関心や探究テーマが近い生徒を巻き込む教員もいるという。

「大人の悪ノリです」と浦埜先生は話すが、もちろん無理強いはしない。「嫌だったら行かなくていいよ」と添えるものの、ほとんどの生徒は行くそうだ。強制されると嫌がるが、任せると素直になるのだという。子どもの好奇心について探究していた生徒が、参加を渋りに渋っていた保育所でのボランティアを実際に体験すると

「また行きたい」といったり、温泉施設へ取材に行くのを拒否していた生徒が、他の生徒の話を聞いて「自分も行きたい」といい出したりしたという。「大人からの投げかけよりも子ども同士のほうが響く」と浦埜先生は感じているそうだ。

「自主性＝ほったらかし」ではない

教員のネットワークを活用して、生徒が他校の生徒へアンケートを実施するのをサポートした教員もいるという。このような「ノリのいい」教員のゼミに所属する生徒は楽しそうに探究しているが、「自主性＝ほったらかし」になっている教員のもとにいる生徒は「何をしていいかわからない」という状態になっていることも多いという。

この状態を打破するには、「先生自身が楽しんだらいい」と浦埜先生は考えている。生徒の興味関心が教員自身のそれとずれている場合、「生徒に何を教えればいいのかわからない」と悩んでしまうケースは少なくない。「指導しなければいけない」と思い込むのは職業柄もあるだろう。しかし、「わからないからこそ『気になるね』という問いを立てられる」と浦埜先生は主張する。生徒の話したことや興味関心に素直に耳を傾け、「調べて教えてよ」と伝えれば、生徒は嬉々として探究にのめり込むはずだと考えている。

助成金は教員たちを納得させる「後ろ盾」にもなる

現状、教員全体が同じ方を向くことができている感覚はないと浦埜先生は話す。「それを調べてどうなるの？」と、生徒の意欲を削いでしまう声かけも散見されたため、今年度から教員に対するファシリテーター研修（一般社団法人ＥＬＡＢ）を実施している。少しずつではあるが、生徒に伴走できる先生も増えてきたそうだ。探究的な学びのための土壌づくりは着々と進んでいる。

三菱みらい育成財団からの助成金を活用することは、「子どもたちに還元するために助成を受けていますので、無駄にしないためにも研修に参加してください」というメッセージを発信する後ろ盾としても役立っているという。コロナ禍の影響で延期していた先進校への視察も実現したいそうだ。助成が終了した次年度以降も、校内で予算を立て、教員が順番に視察に行けるようにしたいと考えている。

　また、助成金によって大型ディスプレイの台数を増やすことができたため、発表会時には半数近くの生徒が「Googleスライド」を使用し画像や動画を効果的に使った魅力的なプレゼンテーションを行う。参観者からも非常に好評だったという。

　生徒・教員・外部サポーターの情報共有に「Googleドライブ」やチームコミュニケーションツール「Slack」の活用も開始した。ＩＣＴ機器を駆使するためのスキルが高まったと浦埜先生は振り返る。

　進学校ゆえか、生徒も教員もすぐに答えを求めがちだが、「試行錯誤こそが楽しい」と浦埜先生はいう。「美術の制作と探究活動は似ている。『こう進まなければいけない』という道筋はなく、イメージに向かって試行錯誤を繰り返す。生徒がやりたいことや感性を引き出すといったことを常にしてきた」という浦埜先生だから、同校の現状を正確に認識したうえで、主体性を育む各種の取り組みを実現できているのだろう。

徳島県立池田高校

地域の大人たちと生徒との連携が、生徒に地元の魅力を気づかせる
～阿波池田シビックプライド探究プロジェクト～

恥ずかしがり屋の生徒たちをいかに後押しするか

気軽に行ける距離にスターバックスはない。最寄りのマクドナルドへは鉄道で1時間かかる。徳島県立池田高校がおかれる徳島県三好市は、高齢化率が50％を超え、人口減少に悩む。「周りに何もない」という声の一方で、吉野川の大歩危《おおぼけ》・小歩危《こぼけ》をはじめとする観光資源や、日本の〝顔〟として観光庁から認定を受けた「観光圏」の1エリアである「にし阿波」に含まれるなど、自然や文化背景には恵まれている。

そんな環境で育つ生徒に対し、「恥ずかしがり屋でもいいから、対話ができるようなベースをつくってあげたい」と、探究科長の田島幹大氏、探究活動推進担当主任の辻岡みどり氏は願う。

同校の生徒は真面目でおとなしく、自分から前へ出るようなタイプではないという。それでも、外部との連携や交流を通じて心のエンジンが駆動する様子は、三菱みらい育成財団の助成を受ける3、4年前からすでに見られていたそうだ。

最初のきっかけは、徳島大学の総合科学部で言語学を専門とする村上敬一教授が、方言の研究のために同校の生徒へアンケート協力を依頼してきたことだったという。四国4県の中間にある三好市は、その位置上、同じ市内でも場所によって方言が大きく異なる。

村上教授と一緒に方言調査のために地域へ出ていく生徒の様子がいきいきとしていたため、継続的に教授の指導をあおぐことに。しかし、ネックとなったのが交通費だった。公共交通機関がほとんどないことから、生徒のタクシー代の捻出のために財団の助成を申し込んだそうだ。

「にし阿波」の持つ美しい自然や歴史、文化を踏まえつつ、地域住民との対話や協働、試行を重ね、新たな「シビックプライド（都市に対する市民の誇り）の醸成」を高校生の手で成し遂げることを目指している。また、高齢社会の課題先進地域として、将来は生徒たちが地域創生の担い手になることを期待し、同校では普通科と探究科のそれぞれで次のようなプログラムを実践している。

●普通科…三好市の現在の課題を認識し、その課題解決に向けた探究活動を行う
・1年次の「総合的な探究の時間」(新聞を活用した読み方講座、要約講座、意見交換ワークショップ、大学訪問など)
・2年次の「総合的な探究の時間」(市役所や県西部総合県民局などの専門職員の協力を得た上での地域課題解決のグループ探究活動、高校生でも実現可能な解決策の提案)

●探究科…生徒が興味を持つテーマに関する身近な地域(三好市や徳島県など)の事例を通して探究する中で、過去から未来、地元から世界へと思考を広げることを目標とする探究活動を行う
・1年次の「探究入門プログラム」(哲学対話や批判的読書会、県外高校生や大学生との勉強会など)
・2年次の「探究展開プログラム」(地域住民との対話に重点を置いたフィールド

ワークや大学生との合同ワークショップなど）
・3年次の「探究発展プログラム」（研究成果を発表し、地域住民と話し合う）

大人たちの肯定的なフィードバックが、生徒の自己肯定感を養う

普通科では、2年次に地域の魅力を発掘する取り組みとして「ASMR（autonomous sensory meridian response／自律感覚経絡反応）みよしの音」の制作をした。早稲田大学の学生による地域創生プロジェクトの地域連携ワークショップに、同校の生徒も参加したことをきっかけに、「音」を新しい観光資源としてSNS等で配信しようと考えたのだ。

生徒たちは市役所観光課および地元の企業の協力を得て、三好市の観光地の情景を音で捉えるコンテンツづくりに臨んだ。校内の部活動の音や町内の催し物会場での音、市内の代表的な観光地である「祖谷のかずら橋」周辺の音を収集するというおもしろい試みだ。

また、廃棄される酒粕を活用した三好市の特産品の開発に携わる「酒粕プロジェクト」も始動。基本概念のSDGsを学び、多数の地元企業の協力のもと、酒粕を使ったお菓子の開発に携わった。

さらに、活動の成果の発表会を開催した。研究した内容をパワーポイントにまとめ、活動に関わりのあった市役所の職員や企業の社員など大勢に来てもらい、発表に対する指導・助言を受けた。同校の生徒たちは発表が苦手な子が多いというが、このような経験を通して「少しずつですが、進歩しています」と辻岡先生はいう。

一方、探究科では、1年次に香川大学経済学部森貞誠准教授による「RESAS(Regional Economy Society Analyzing System/地域経済分析システム)講演」を聴講した。徳島県の人口減少が著しい現状を把握して、今の自分たちが何をすべきかを考える必要性を再認識し、最適な活動方針を決定するための基礎とした。

同校は徳島大学との縁も深い。2年次には地域研究を専門とする内藤直樹准教授から、世界農業遺産に認定されているこの土地独自の農業「にし阿波の傾斜地農耕システム」の調査活動に、生徒たちを誘ってもらったこともあった。傾斜地の農業を生徒が調査してまとめた論文が、学術的に高い評価を受けた。

こうした活動の成果を校外のコンクールなどに応募した結果、いくつかの賞も得た。前述の方言の調査を行った方言班は、日本語学会が主催する「第1回中高生日本語研究コンテスト」で優秀賞を獲得(主催者HPに掲載)。また、観光班は国土交通省や観光庁が後援する高校生の観光事業構想コンテスト「観光甲子園」で、グランプリを受賞した。空飛ぶクルマ部門では、2年生が、決勝に進めるベスト5に入選を果たした。

付近の大学や地域との交流、あるいは外部のコンクールへの応募を通じ、大人たちから活動に対する肯定的なフィードバックを受けることで、生徒たちの自己肯定感が養われていると田島先生は話す。

教員は教えすぎず横にいるだけでもいい

最初はいわれるがままに作業をするだけだった生徒も、取り組むうちに変化がみられるようになった。先述の村上教授による方言調査では、生徒の発案でアンケートの内容を工夫してみたり、小・中学生に方言に興味を持ってもらうために桃太郎の昔話を方言で表現できないか提案したりと、主体性を発揮するようになっていった。

そこから、四国の高校5校と共同で桃太郎を方言で表現するプロジェクトが始まり、調査結果やレポートを1冊の本にまとめるところまで進んでいるという。1人の生徒のアイデアが多くの人を巻き込んで形になっていく様子に、田島先生も感心したそうだ。
「私は数学の担当なので、方言のことは全くわからず、内容の指導は一切できなくて。横にいて、外部の方と交渉をするだけなんですけどね」(田島先生)
そう話すが、教員が教えすぎない、その伴走の姿勢こそが、生徒の主体性を後押ししていることは間違いないだろう。

その一方で、「とにかく恥ずかしがり屋な子が多いので、生徒同士はもちろん、外部の人たちとの対話を少しでも多く経験させたい」との先生の思いは強い。探究科では1年次に「哲学対話」を実施しているが、対話のベースづくりとして、普通科の希望者も参加させているという。「何をいってもいい」という哲学対話のルールによって、他者を尊重する姿勢を養成するとともに、自己肯定感を高め、失敗を恐れずに取り組むという探究における大切な姿勢を身につけることを目指している。
最近では哲学カフェ「カフェフィロ」の副代表である松川絵里さんを招き、哲学対話を実施した。ゆくゆくは、修学旅行で三好市を訪れる関東圏の有名進学校の生徒と一緒に「哲学ウォーク(哲学的な名言からその名言にふさわしい場所を探し、歩きながら質問し合うという内容のワーク)」を行うことも視野に入れているそうだ。

他にも、対話力を高める試みとして、「クリティカル・リーディング」を神奈川大学国際日本学部の澤口哲弥先生に、質問づくりによって課題を発見し言語化するという体験型の授業「ハテナソン」を、京都産業大学生命科学部の佐藤賢一教授に指導してもらっている。

「同じ県内の徳島大学から当校に来てもらうのも、片道2時間はかかります。来校は講師にとって1日仕事になってしまうのです。1回限りの協力は得やすいですが、継続的にとなると、やはり謝金や交通費は必要になってくる。助成金はその原資になっています」（田島先生）

助成金のおかげで生徒たちの学びが充実している、その恩恵は多大だと、田島先生と辻岡先生は声を揃えた。

探究活動が地元愛を育むことにつながった

にし阿波の人々は穏やかな性格である一方で、まちづくりや地域活性化に非常に熱心に取り組む人が多いという。まさに、身近な存在の「本気の大人」たちだ。こうした地域住民とのふれあいや地域の企業を訪れることが、同校の生徒たちにとってアカデミックかつ刺激的な体験になっているという。地域社会との継続的な交流ややりとりは、年を追うごとに深まり、中身も濃くなってきている。

「探究活動を通じて『にし阿波って素敵なんだ』と気づいて、地域のことをもっと広めていきたいという生徒がたくさん出てきています。知らなかったことに気づけただけでなく、気づいたものを先につなげていきたいという想いや成長を感じられたのが、すごくうれしかった」と辻岡先生は話す。

学校の授業を通して地元愛が育ち、3年生になってからの進路にそれが活かされることも多い。そのような生徒の変容こそが、同校の探究活動プログラムが目指すシビックプライドの醸成が実現していることの現れである。

また、今後は講師を招く以外の使途でも助成金が役に立ちそうだ。同校の卒業生で現在、岡山大学に通う学生が、地元の高校生を対象にしたプログラミング教室を開催する計画を立てているという。池田高校では助成金の一部を使って、その活動をサポートできないかと考えている。

課題先進地域だからこそ、他より早く、強く持っている危機感がある。目前に

地元の団体が取り組む、地域の観光資源を結んだ新しいウォーキングロードの設置に向けての活動。この活動のため、地元の団体のメンバーとともに、生徒がフィールドワークをしている様子。

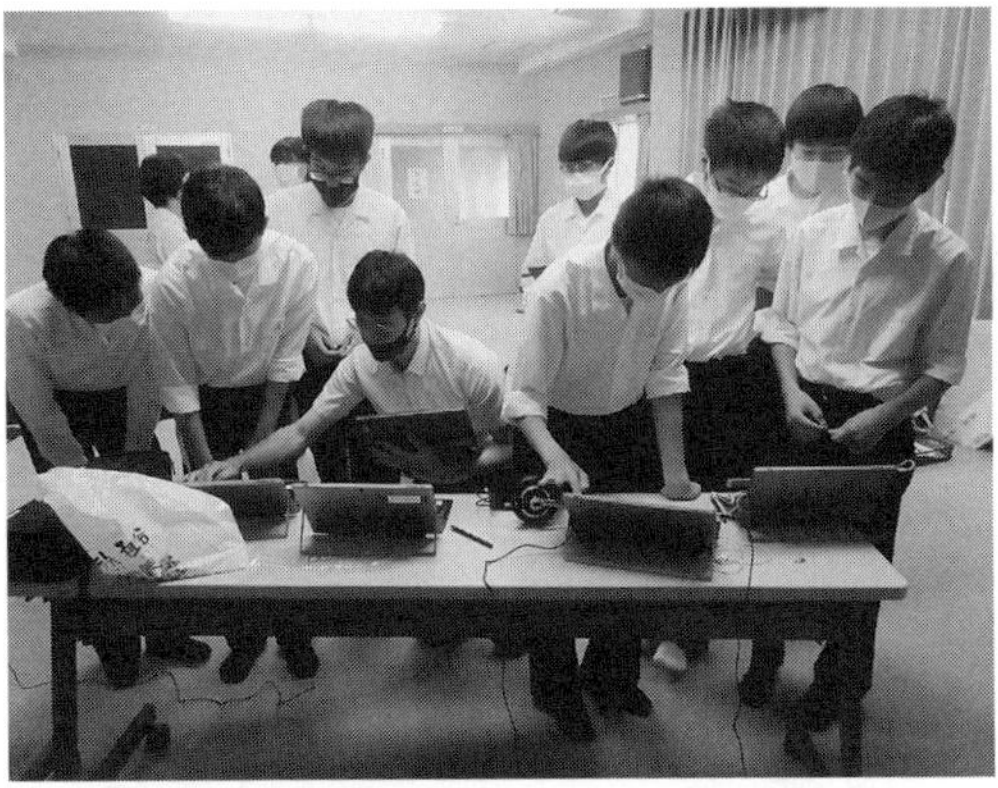

「みよしの音」を制作している様子。収録した音を編集するために、専門の機材やソフトを使用している。高度な技術が必要とされたが、生徒にとって貴重な経験となった。

迫った2030年問題（2030年に高齢化率が全人口の30％を超え、国民の約3人に1人が65歳以上の高齢者となる働き手不足の問題のこと）を思えば、今後ますます、地域活性化や若者の地域離れを防ぐ取り組みが叫ばれるようになるだろう。そうした意味で、地域と高校が連携した池田高校のような取り組みは、未来の地域経済の浮沈の鍵を握るのかもしれない。

第4章

学校の垣根をこえた、10代後半の教育エコシステム

Beyond School Grounds: The Educational Ecosystem for Older Teenagers

重層的で構造的な教育支援を

心のエンジンの駆動は、偶発的に起こる。人によって起こるきっかけは異なる。いつ、どこで起こるかはわからない。ならば、高校、高校生以外にも視野を広げていく必要があるだろう。例えば、学校のカリキュラムにないような独自の教育プログラムや、大学生向けのプログラムを実施している教育事業者・大学などだ。

第1章で述べた通り、三菱みらい育成財団では、10代後半の若者の学びを包括的に捉え、変化させていくために、カテゴリーを5つに分けてさまざまな支援を行っている。いつ、どこで、どのように火がつくかわからない心のエンジンに対しては、多様なアプローチが必要であるためだ。

この章では、第3章で述べたカテゴリー1の高等学校などが学校現場で実施する「心のエンジンを駆動させるプログラム」への助成以外の、4つのカテゴリーについて詳しく紹介しつつ、5つの支援が日本の教育をどのように変えていこうとしているのかを探っていく。

まず、カテゴリー2は、教育事業者等が行うより先進的、特徴的、効果的な「心のエンジンを駆動させるプログラム」への支援である。おもに15歳から18歳の高校世代を対象としており、いうなれば、高校とは別のアプローチが取れる教育プログラムだ。

これらのプログラムには、学校と連携して、教育事業者が探究プログラムを学校内で行うものと、教育事業者が学校外で独自に行うものがある。P188以降で紹介するrokuyou、ウィルドア、日本ファンドレイジング協会などは、両方とも行っている。それぞれに特徴があるので、のちほど紹介しよう。

カテゴリー3は、卓越した能力を持つ人材を早期に発掘育成する「先端・異能発掘・育成プログラム」への支援である。既存の教育の枠組みの中では、「浮きこぼれ」てしまう、突出した才能を持つ子どもたちの自己肯定感を高めつつ、同じように才能を持つ仲間と引き合わせ、切磋琢磨しながらその才能をさらに伸ばすという取り組みだ。P224で紹介する大阪大学の「SEEDSプログラム」では、大阪大学での講義や研究の体験を通じて高校生の視野を広げたり、受講生間や大学生との交流を図ったりしている。

カテゴリー4は、大学・NPO等で行う、「21世紀型 教養教育プログラム」への助成をしている。これまで、フォーカスがあまりあてられることがなかった、「大学生への教養教育」の支援だ。P238で紹介する東北大学の「挑創カレッジ」と「学問論」は、新しい時代に即した分野横断型リベラルアーツプログラムといえる。P245で紹介する神田外語大学の「グローバル・チャレンジ・ターム」は、「自分は世界に対して何ができるか。学ぶ目的を見つけるための6カ月」と題し、新入生を入学直後の半年間、インド・マレーシア・イスラエル・リトアニアなどの必ずしも行きやすいとはいえない地域にあえて行ってもらうという思い切ったプログラムだ。

カテゴリー5は、「主体的・協働的な学習（心のエンジンを駆動させる学習）を実践できる教員養成・指導者育成プログラム」への助成だ。これは、「心のエンジンを駆動する」ための導き手をつくる育成プログラムへの支援であり、教え手側の研修に対する助成ともいえよう。教え手が探究学習の無限の可能性を理解し、熱意を持って生徒をサポートできなければ、どんなにいいプログラムも意味がない。したがって、指導者への支援の重要性は財団も当初から認識していた。

カテゴリー1も加えたこれら5つのカテゴリーすべてをつなぎ、横断的な取り組みを促進するのが「交流会」だ。これについては第5章で詳しく述べる。

アドバイザリーボード委員の宮本久也氏は、財団がこれら5つのカテゴリーでの助成を行っている点を高く評価している。

「財団の特色として、支援の内容が重層的かつ構造的である、ということが挙げられます。つまり、一面的なあるものに対して一面的に支援をするのではなくて、カテゴリーが5つあるというのが大きな特色かなと思います。初年度は高校生の心のエンジンを駆動する取り組みへの支援、学校ではできない先進的な取り組みをしている教育事業者などへの支援、先端・異能発掘育成プログラムへの支援、と3つのカテゴリーの助成から始まり、2年目からは大学などで行う21世紀型教養教育への支援と教員を中心とする指導者育成プログラムへの支援が加わりました。これは、今の日本の教育が抱える課題を的確に把握して、それに必要な支援とは何かをしっかり考えた結果だと思います」(宮本氏)

カテゴリーごとの概要は先にも述べたが、宮本氏の評価する「重層的かつ構造的」とは、具体的に何を指すのだろうか。

そもそも、多様な子どもたちに最適な学びを届けるためには、いろいろなリソースやアプローチがあるにこしたことはなく、すべてを学校で抱えるべきではない。例えば、カテゴリー2の教育事業者が学校の探究学習を支援したり、カテゴリー3のプログラムで、学校では浮きこぼれてしまうような生徒・学生の能力をより伸ばしたりもできる。カテゴリー4では、大学に入学してからも心のエンジンが駆動し続けるようにできる。カテゴリー5で、高校生や大学生を教える側の支援ができれば、教育を変える波が大きくなっていくだろう。

財団の取り組みは、相乗効果を出すために練られた仕掛けであり、この仕掛けこそが「重層的かつ構造的」が指し示すものなのだ。

次にカテゴリー2~5について、詳しくひも解いていこう。

教育事業者の役割が増している

カテゴリー2では、教育事業者等が行うより先進的、特徴的、効果的な「心のエンジンを駆動させるプログラム」への支援を行っている。

カテゴリー2の主役である教育事業者には、NPO法人や株式会社なども含まれる。このカテゴリーに応募する企画者には、人材育成に対するパッションを持つ人達が多い。志が高い人々が、生徒の多種多様な興味・関心に対応すべく練り上げたプログラムが目に付く。後述するｒｏｋｕｙｏｕでは、「生徒が語る関心の内容をジャッジしない」「何をいっても大丈夫な環境をつくる」など、心理的安全性を確保して探究学習を進めている。生徒の探究テーマも「給食が生み出すフードロスの削減」「伝統芸能・組踊の継承のために」「ＬＧＢＴ当事者の生きやすい社会に」など多岐にわたる。

財団は助成先を必ずしも非営利に限定しない。実際、ｒｏｋｕｙｏｕは株式会社である。素晴らしいプログラムであれば、株式会社にも助成するという経営の自由度を担保しているのだ。

財団の立ち位置は国や自治体のような「官」でも、企業のような「私」でもなく、いわば「『官』に近くも機動的に動ける『公』」であろう。

学校でカバーできない学びを提供している教育事業者を支援する取り組みに、評議員の田中氏はこんな期待を寄せている。

「私は江戸時代の文学や生活文化を専門とする中で、江戸の『私塾』の存在に注目していました。私塾は公の機関ではなく、『こういうことを議論したい』『こういうことを学んで欲しい』と考えた一般の人が人を集めて塾を開くというものです。江戸時代の後期には、全国各地に藩校や私塾ができ、私塾が増えていくことで、江戸の社会は明らかに変わっていきました。明治以降の近代の教育機関は国の主導で設立され、卒業資格を与えるためには私立学校も教育内容が定められるため、ある種の固定化が起こります。でも教育事業者は学校とは異なるので、江戸の私塾のように個人の想いから生まれて、学校ではカバーできない学びを補完するなど、いろいろと実験的な試みができる。そういった教育事業者の支援を行うことには、大きな社会的役割があると思います」（田中氏）

田中氏から「補完」や「実験的」という言葉が出たが、カテゴリー2で支援しているプログラムには、まさに学校での教育を補完する革新的な教育プログラムに助成をする、「実験的」なものもある。

例えば、認定NPO法人金融知力普及協会の「リアビズ Real Business～高校生模擬起業グランプリ～」では、高校生に起業資金を貸与し、ネットショップを立ち上げるというリアルビジネスを経験させている。財団事務局は、金融知力普及協会の応募書類を見たとき、「高校生に本物のビジネスを任せる点は素晴らしいが、実際に資金を融資するところまでやって良いものか」という点を懸念した。しかし、選考委員会で「ダミー通貨で取り組むような疑似体験では意味がない、本物のお金を扱って子どもたちにチャレンジさせることにこそ意味があるのだ」と指摘を受けた。「リスクに触れさせる」ゆえに学びが生まれるのだと。子どもだからと「リスクを排除する」のではなく、「大人・指導者の側がリスクに触れさせる経験を積み、高校生にリスクを感じさせ、学びを得てもらう」ことの重要性を認識した。

金融知力普及協会のような事例は独創的な取り組みだ。学校も保護者から反対されるリスクを恐れ、なかなかここまでのプログラムは実施できないだろう。しかしそういった発想をしていては、財団としても、本当によいプログラムを逃してしまうことになる。

教育事業者への助成は、教育は学校だけでなく社会全体で責任を持つものだ、というメッセージにもなっている。国や学校関係者だけで教育を根本から変えていくのは難しい。地域住民や保護者を含む一般の社会人も教育に関心を持ち、動いていく必要がある。学校の外のリソースで教育を変革していくことを応援する意味が、カテゴリー2の助成にはある。

ＮＰＯなどの教育事業者に日本の教育の未来を見る

学校以外の教育事業者への助成について、カテゴリー2の選考委員を担当している日本ファンドレイジング協会代表理事の鵜尾雅隆氏は「学校現場という制約の多い環境で頑張っている先生たちをサポートしなければならない。子どもたちに最適な学びを届けるためには、学校の外にいる人々がもっと関与しなければならない」と語る。

「学校の先生は皆さん真面目で一生懸命。そして、とても忙しい。授業だけでなく部活動や行事など、さまざまな負担がかかってキャパシティオーバーになっています。それに加えて、今は教育のあり方が変わり、従来の講義で教えるスタイルから、生徒に考えさせるスタイルにシフトしようとしている。そうなると、教えるというよりファシリテートする人が必要ですが、さまざまなテーマを扱う関係上、先生だけでその役割を担うのは難しい。そのため、これからは外部の専門家を呼ぶことが当たり前になっていくと思います。10年後、20年後には外部事業者の授業がカリキュラムに組み込まれるのではないでしょうか」（鵜尾氏）

しかし、現状としては学校に外部事業者を呼ぶための予算がない。また、前例が少ないため、外部事業者を呼ぶことの効果が共有されておらず、実践に踏み込めない。現場の教員が教育事業者と協業したいと思っても、上層部を説得できる材料がない。そうした状況を打破する力がこの助成にはあるのだろう。

3年間選考委員を務めた鵜尾氏は、初年度には教育業界でも名のある事業者の応募が多かったが、2年目、3年目と続いていくなかで、新進気鋭の応募者が続々と出てきたことに手応えを感じているという。

「かつて、教育に可能性を感じる人はみんな教員を目指したのかもしれません。それが今は、NPOや会社を立ち上げるなど違った形で教育に携わろうとする人が増えてきているように感じます。自分で組織を立ち上げなくとも、教育系の企業に就職し、社内の事業として実現させている人からの応募もあります」（鵜尾氏）

「関係者への取材から見えてきた、三菱みらい育成財団の取り組みの特徴」（P46）にも書いたが、外部事業者が学校教育に入りこむ難易度は高い。そこにあえて挑戦するには、周囲の人を巻き込んで事業を進めていく必要がある。だからこそ、教育事業者のリーダーは情熱を持っているし、リーダーシップに長けていると鵜尾氏はいう。

「カテゴリー2の選考委員を担当し、日本の教育には未来があると感じるようになりました。これだけの人たちが真剣に子どもたちの教育について考えているのだから、この先絶対に良くなるという確信が持てたんです。個人的な願いとしては、教育事業者の取り組みやそのリーダーの人となりを、もっとたくさんの人に知って欲しいですね」（鵜尾氏）

事業者たちのパッションが形になる

選考で鵜尾氏は、「アイデア」と「ワクワク」を重視している。
「今までと同じもの、よくあるものでは、心のエンジンは駆動しないと思うんです。さらに、企画した人の心のエンジンが駆動しているかも大事です。『今はＳＤＧｓが叫ばれているからＳＤＧｓをテーマにしたプログラムを行います』といった動機では、参加者の心は動きません。企画した本人が心からそれをやりたいと思っていて、企画にワクワクしていないとだめなんです」（鵜尾氏）
また鵜尾氏は、組織の広報、コミュニケーションの姿勢も重視する。情報発信に前向きであればプログラムの広がりにつながるため、選考資料だけでなく応募事業者のウェブサイトなども必ずチェックするそうだ。

「企画内容がよくても、公式サイトが3年前から更新されていなかったら、成果が出てもその後につながる可能性が低いと思うんです。せっかくいいプログラムを実施しているならば、公式サイトやＹｏｕＴｕｂｅなどでその内容や成果を発信して欲しい。そうすると、横展開する可能性も出てきます」（鵜尾氏）

これらは、第2章で述べた、高校での探究学習のグッドプラクティスの共通点・再現にもつながってくる。参加者に「本物」に触れてもらうためには、企画者自身が「本物」のパッションをもった状態でなければいけないのだ。

この後は企画した教育事業者たちの心のエンジンが駆動している取り組みを、詳しく紹介していく。

1つ目は、おもに沖縄県で事業を展開している、株式会社ｒｏｋｕｙｏｕの「地域企業と肝心（ちむぐくる）を育む公立高校向けＰＢＬ」だ。沖縄県内の公立高校と、「Okinawa SDGs Project」に加盟する60の企業・組織をつなぐ取り組みである。「地元企業を巻き込んで、子どもたちに真剣勝負をさせている」として鵜尾氏が評価したプログラムだ。

2つ目は、一般社団法人ウィルドアが行うプログラム「課外にある学びの資源を〝選択・活用する力〟を育み、実行するための〝つながり〟を届けるプログラム『willdoor』」だ。

学ぼうとする心に今まさに火がつこうとしている高校生に、他からのお仕着せではない自分軸によって、最初の1歩を超えた2歩目、3歩目を踏み出すことができる資質と能力を身につけてもらいたいと考えて行っているという。学校の正規の教育課程に含まれない課外活動を利用して、高校生が輝ける資質と能力を発掘しようというのだ。

3つ目は、認定NPO法人日本ファンドレイジング協会の「高校生の社会貢献チャレンジに実行力をつける大人との協働機会の創出」プログラムだ。高校生に「寄付」の意義を伝える教育プログラムの提供から仲間づくり、チャレンジ実行までをサポートしている。

日本ファンドレイジング協会は鵜尾氏が代表を務める団体だが、選考は必ず複数人で行うため、選考委員が関与する団体だからといって優遇されることはない。選考委員にコンフリクト（利益相反）のある団体の選考には、ウォールを立てて当人は一切タッチしないというルールを敷いている。その上で、当人以外のすべての選考委員に内容を見せ、助成先を決めているそうだ。

株式会社ｒｏｋｕｙｏｕ

沖縄の風土に溶け込み地元企業と公立高校をつなぐ
～生徒の目が輝きだす「肝心（ちむぐくる）」を育む探究学習～

「ちむぐくる」とはマインドとハートの教育

沖縄県中頭郡に拠点を置く株式会社ｒｏｋｕｙｏｕは、自らの事業を「学びプロダクション」と銘打つ教育ベンチャー企業である。

同社が、三菱みらい育成財団からの助成を受けて２０２１年度より手掛けているのが「地域企業と肝心（ちむぐくる）を育む公立高校向けＰＢＬ」。沖縄県内の公立高校と、「Okinawa SDGs Project」に加盟する60の企業・組織をつなぐ取り組みだ。

同プログラムは、公立高校の「総合的な探究の時間」内で行われる。生徒たちは、それぞれが持つ興味関心をもとにした「マイプロジェクト」を立ち上げ、企業はその探究にリソースを提供するが、それは決して「教える・教わる」という一方的な関係ではない。企業側も生徒の着眼点やアイデアから学びを得、地域や社会に何らかのインパクトをもたらすことを最終目標としている。それらの成果は、年度末に行われる成果発表会にて報告される。

プログラム名になっている沖縄方言「ちむぐくる」とは、英語でいえば「マインド＆ハート」である、と同社代表の下向依梨氏は語る。

「ちむ（肝）は、『腹落ちする』という表現の『腹』に近い意味を持ち、納得感などの理性的要素も含む言葉です。対して、くくるは心を表します。この両者、とりわけ心を動かすことがプログラムの主眼です」（下向氏）

社会を変える人材育成に不可欠な「SEL」とは

同プログラムをはじめ、ｒｏｋｕｙｏｕが手掛けるプロジェクトの根幹にあるのは、「ＳＥＬ（ソーシャル・エモーショナル・ラーニング）」という理論だ。社会における他者との関係構築力であるソーシャルスキルと、エモーショナル、すなわち内面の情動と適切に向き合う能力を高める学びを指している。

感情、とりわけ怒りや不安といったネガティブ感情は、ともすれば望ましくない行動や選択につながりやすい。ＳＥＬは自らの感情を認識し、かつその感情に基づく最善の選択をする力を、ソーシャルスキルと同時に育む。日本ではまだなじみが薄いが、国外での注目度は高く、北米・香港・東南アジアなどの教育現場で広がりつつある教育理論だ。

下向氏によると、SELは社会課題の解決能力を高めるために不可欠だという。社会を変える力を持つ人材、すなわちソーシャルアントレプレナーが生まれるような教育の在り方を、下向氏は学生時代から研究してきた。

「総合的な探究の時間」を活用したプログラムの運営は、生徒たちのみならず、自身の学びが深まる機会でもあると語る。

「十代の若者たちと接していると、我々大人世代との感覚の違いに学ばされます。多くの大人が『現状の課題解決』に目を向けるのに対し、彼らは『未来志向』なのです」(下向氏)

例えば、温暖化や環境破壊によって沖縄のサンゴが死滅する「白化現象」を探究テーマに選んだ生徒たちは、眉根を寄せて取り組むのではなく、未来における美しい海、色鮮やかなサンゴのイメージに目を輝かせながら、方策を探っていたという。下向氏は「課題解決を起点とした行動ではなく、〝わくわく〟を起点とした行動で未来を切り開く。未来を生きる子どもたちに、〝わくわく〟と出会う機会を提供するのが私たちの役割です」と話した。

心理的安全性の確保で心のままに語れる場づくり

生徒たちの興味関心は多種多様である。探究テーマも「給食が生み出すフードロスの削減」「伝統芸能・組踊の継承のために」「ＬＧＢＴ当事者の生きやすい社会に」など多岐にわたる。テーマ設定の第一歩は、ｒｏｋｕｙｏｕのスタッフによる教室でのヒアリングから始まる。この場面では、生徒が語る関心の内容を「ジャッジしないこと」が大事だという。

「『ボウリングのスコアをいかに上げるか』など、きわめて個人的な関心事を挙げる子もいますが、その良し悪しに口を挟まないのが鉄則です。どんな関心も、本人の心を動かすものである以上、例外なく尊く、素晴らしいからです」（下向氏）

一方、関心の所在がわからない、関心があっても言い出せない生徒も少なからずいる。模範解答を求める教師の無言の期待や、クラス内の同調圧力といった、「場の空気」が生徒の口をつぐませている気配も、ときおり感じられるという。

この状況へのｒｏｋｕｙｏｕのアプローチは、主に２つある。１つは「何をいっても大丈夫」だという周知を徹底すること。きれいごとでなくてもいい、少数意見でもいい、といった声かけを繰り返し行う。

もう1つは、生徒の「言い淀み」の先を促すことだ。「○○に、少し興味が……」で言葉が止まれば、興味を抱いたきっかけは何か、どこでどんな人に会ってみたいか、といった質問を投げかけ、話に具体性を持たせながら輪郭を明らかにしていく。

これは「心理的安全性」を確保するプロセスでもある。心理的安全性こそ、興味関心を外に出せるか否かの最大の分岐点だ、と下向氏はいう。安心して「私はこう思う」と語れる場づくりが、同プログラムの基盤となっている。

生徒の発言や発案が目に見えて増加

2022年時点で、同プログラムの実施校は5校。最初の導入校である県立宜野湾高校では、すでにさまざまな変化が表れている。

なかでも顕著なのは、これまで目立たない子だった生徒たちの活躍だ。教室の隅にいて、クラスメイトと関わろうとしなかった生徒が、機械いじりのスキルを活かして「土からエネルギーをつくる装置」をつくり、クラスで一躍注目の的となったことがある。これにクラスの生徒たちが刺激を受けた。初年度はやや不熱心だった一部の生徒たちが、俄然「来年は自分も」と奮起しているという。

こうした変化は、授業以外の場面でも見られるようになった。学校生活全般において「声をあげる」生徒たちが増え、意見交換が活発化したのだ。「部活の在り方を改善しよう」「校則を変えよう」といった提案がいくつも実現するに至った。その過程では、全校生徒へのアンケート調査や、教師陣との粘り強い交渉など、生徒たちのソーシャルスキルが発揮されている。

協力企業に及ぼした影響も大きい。生徒の質問をきっかけに、「自社の事業の社会的意義を改めて考えた」という声や、「素朴な疑問が新商品のアイデアにつながった」という声が多数寄せられている。好奇心をフルに発揮する若者のエネルギーが、大人たちにも伝染している。

「地域企業と肝心（ちむぐくる）を育む公立高校向けＰＢＬ」はこのように、若者と大人、教育現場と実社会の「越境」を促進する。

沖縄を知り、体感する「移住者」の熱意

大阪出身の下向氏を含むｒｏｋｕｙｏｕの沖縄に駐在する社員５名のうち、２名は県外からの移住者だ。ｒｏｋｕｙｏｕが仲介者となるこうした営みを実現できて

いるのは、ｒｏｋｕｙｏｕの社員が高校や企業、そして沖縄の地と緊密につながり、関係性を深めてきたからこそといえる。

起業前、下向氏は東京で小学校教員を務めていた。教員を辞めてからはフリーで教育プログラムの企画に携わるようになった。その後、越境的な教育事業を営むには東京より地方の規模感がふさわしいと考え、２０１９年に沖縄へ。「数多くの魅力と、数多くの課題」を併せ持つこの地でこそ志が実現できると確信し、ｒｏｋｕｙｏｕを設立した。

こうして外からやってきた若い企業が、現地に受け入れられたのはなぜか。下向氏は「偶然」と「働きかけ」の両面があったと話す。

「偶然の幸運は、私がもともと『泡盛』の大ファンだったことです。県内の全酒造所を訪問し、蔵ごと・エリアごとの特徴を知悉していたことで、地域の人たちとの距離が一気に縮まりました」（下向氏）

加えて「働きかけ」としては、沖縄の文化や習慣などの知識を身につけるのはもちろん、それだけでなく、体験値を積むことを大事にしたという。ｒｏｋｕｙｏｕの社員は地域の伝統行事や風習を知る機会があれば、その場に足を運んで実際に体験するようにしている。そうした姿勢が信頼の源となったのは想像に難《かた》くない。

高校生を取り巻く「大人」の可能性を信じて

しかし一方で、高校の内側に入る際には抵抗もあった。ある高校でのプログラム発足時には、教員から「生徒が積極的に臨むだろうか」と懐疑的な声もあがった。下向氏は、「生徒の可能性を信じましょう」「私は、先生の可能性も信じます」と、強く呼びかけたという。前例にないこと、予測不可能なことへの現場の不安は強い。今後関わる学校においても同様に、ストップの声が上がるかもしれない。子どもたちの可能性の芽を摘まないためには大人たちの意識が変わらなくてはならないが、そこでハードルとなっているのが、「限られた予算」だと下向氏は指摘する。

「探究学習の積極的な試みを阻んでいるのが予算の問題です。この点、先生方は本当にご苦労されています。我々はそれを承知の上で、プログラム価格は何にどれだけかかるかを明らかにし、学校側の予算と照らし合わせ、足りない差額を財団の助成金で補填しています。金額を割り引かないことで充実した学び、丹念な振り返り、的確な改善というサイクルを回すことが可能になります」（下向氏）

前出の高校ではじめ、懐疑的な姿勢を示していた先生は、その後、「総合的な探究の時間」の担当に配属された。プログラム運営に参加し、発表会で成果を見届けるに至って、当初の考えは一変。現在は自ら先頭に立ち、より良い授業の在り方を「探究」している。下向氏が信じた「先生の可能性」は、一年を経て花開いた。

下向氏は今後、行政や教育委員会とも対話し、教育の問題の課題解決に向けて取り組みたいと語る。

多くの起業家が集まるイベント「LEAP DAY」でプロジェクトを発表を行う。

県内に住む外国人の家にお邪魔して異文化交流するプログラム「まちなか留学」のサービスを展開する社会人が、生徒たちにメンタリングを行っている。

宜野湾高校では「つくってたべよう もぐもぐプロジェクト」を実施。生徒自身が栽培したゴーヤーなどを販売した。

「つくってたべよう もぐもぐプロジェクト」では、半年間の活動内容をまとめ、クラスで中間発表を行った。

一般社団法人ウィルドア

課外にある学びの資源を「選択・活用する力」を育てる
～実践型のプログラム「willdoor」が次の行動を促す～

「課外だからこそ」の学びの資源を、高校生自らが選んで活かす

一般社団法人ウィルドア（共同代表理事・竹田和広氏）は10代後半の教育エコシステムへのアプローチとして、「一人ひとりが『自分』と『社会』と共に生きられる未来」を目指して、多様な教育主体と協働し、若者にとって生きやすい環境づくりを進めている。その一環として、学校の授業外、いわゆる課外にある学びの資源を高校生自身が選択し、活用する力を育むための〝つながり〟を届けるプログラム『willdoor』を2022年度から開始している。

『willdoor』は、高校生がオンライン上で多様な同世代との対話や情報共有を通じて、企業やNPO・学生団体等のプログラムやインターンなど、課外にある学びの資源を活用できるプラットフォームだ。自律的に学び続けるためのリテラシーを育

み、実行をサポートするプログラムである。具体的には、次のような機会と場を提供している。

①合同説明会「willdoor FORUM（ウィルドアフォーラム）」を実施

全国の高校生を応援する団体と連携して、〃課外の学び〃とはどんなものかを紹介する合同説明会を実施している。実際に、その機会を活用した先輩が体験から得た学びを紹介するなどし、個別相談も受け付けている。

②未来共創の祭典「willdoor FES（ウィルドアフェス）」を開催

高校生が同世代同士で集まり、課外活動を通して、自身の歩みとそこから得た学びを振り返るワークショップを開催している。さまざまな学びのモデルを収集する場となっており、そこで仲間や応援者を獲得する高校生もいる。

③「willdoor WORKSHOP（ウィルドアワークショップ）」で学びの計画書を作成

初めて課外の学びに挑戦する高校生や、自分の活動の在り方に悩む層が、相談し合いいつでも自分軸での学びに踏み出せるように、ワークショップを定期開催している。ワークショップでは、さまざまな課外の学びの経験を持つ大学生や高校生のスタッフたちが寄り添い、「わたしから始まる学び」として計画書を作成する。

2022年度は、ウィルドア、そして実践型インターンシップや起業支援プログラムを手掛けるETIC.が共催する『ワンダリングチャレンジ』をはじめ、既存事業で接点のある高校・高校生を通じた直接的な働きかけのほか、他団体や教員と連携した情報発信によって、のべ200名が参加した。

「小中学生向けにはいろいろな社会経験のできる外部プログラムがあるが、高校生向けには、大学のオープンキャンパスのような受験・進学ジャンルを除き、外部プログラムが少ない。高校生が『自分は何を学びたいのか、自分にとって何が大事で幸せなのか』を考えるためのきっかけ、経験づくりとして『willdoor』を活用してほしい」(竹田氏)

最初の一歩を踏み出し、進んでいく資質・能力を育てる

『willdoor』の特徴は、その資質や能力を、学校では提供し得ない課外で発掘し、発揮させることに大きな意義がある。

ウィルドアでは、人が自分の求める未来やありたい姿に向けて、自ら学びの機会をつくり、選び、学ぶことによって変わり続けることを「心のエンジンが駆動した状態」と捉えている。

高校生自身がその状態を維持して自走するには、「興味や関心、目的意識の変化」と「学びの機会の創造と選択」の両輪を回し続けることが欠かせない。だが一方で、課外活動の意外に少ない高校生にとっては、本来ならば自ら目的意識をもって選択すべき「学びの機会との出会い」は偶然や環境に依存している面も大きい。そこで、課外にどのような学びの機会があるかを可視化し、高校生自らがその機会を選択したり創造したりする力を育む支援を行っている。高校生が「これまで気づいていなかった新しい自分」に気づき、成長していける場として『willdoor』を構築したのである。

この取り組みは、外部プログラムに参加するハードルを引き下げることにもつながっている。『willdoor』では、特定のコンテンツやプログラムに属さず、公平な立ち位置からの情報提供や相談を行い、多様な仲間が互いの行動や学びを共有・応援する場をワークショップなどとして提供している。

「私たちは2年ほど前から、学校によって〝与えられた学び〟ではなく、自ら選ぶ『わたしから始まる学び』を提唱し、高校生が主体的に〝自分起点〟で学びを続けていくことを応援しています。この『わたしから始まる学び』が、まさに私たちの

考える『心のエンジンの駆動』。自ら本気になって取り組む自分軸の学びを全面的に応援しているのです」（竹田氏）

『willdoor』では、この「心のエンジン」の駆動のため、ETIC.をはじめ、Qulii、校外プログラム大全、カタリバ、BEAU LABO、HLABなど30以上の社会教育機関やプログラム等の団体に連携・協力を働きかけ、実現した。この連携を活かして、2022年度は参加者約50名の「willdoor FORUM」を2回実施。「willdoor FES」については2回実施し参加者は見学者を含め約100名だった。また「willdoor WORKSHOP」は2023年3月より本格的に開始し、毎回平均15名の高校生の参加者を見込んでいる。

「高校生にとっては『探究』よりも、その手前で自分の目的意識をしっかりと持つ動機づけの部分が大事で、『willdoor』ではそこにこだわりたい。揺るぎない目的意識を持てば、探究そのものは自分の力でやりとげると信じています」（竹田氏）

その証拠に「willdoor FORUM」に参加した人の8割以上が、活用したいと思える資源と出会うことができている。前述した3種のプログラムを通じ、「何かをやってみたいが、どうやったらよいかわからない」という高校生も最初の一歩を踏み出しやすくなったという。

学びの機会や活動状況を仲間に共有してもらったことで、新たなロールモデルを獲得し、次の行動に結びつけることができた高校生もいる。さらに、「同世代と共に次の学びと行動を計画する場にもなった」と語る高校生もいた。

「どの高校生も本心では、もっと自分らしい自分になりたい、魅力ある人になりたいと思っている。willdoorに参加したことで『自分らしい自分・魅力ある自分』とは何か、自分なりの〝軸〟を見つけられたといった声を、高校生からは受けています。本を読むことが好きな高校生が、本好きな高校生を集めたイベントを開催したり、不登校気味だった高校生が積極的に地域活動の企画に取り組んだりするなど、さまざまな『次の行動』が生まれています。その『次の行動』を見つけるために、私自身も積極的にワークショップなどで相談などを受け、応えています」(竹田氏)

高校生たちは、とかくハードルが高かった課外の社会教育資源にアクセスしやすくなり、その資源をより有効活用していくロールモデルが増えていくことに大きな価値を見出したようだ。

「次の行動」を育む機会が、学校教育や外部機関に新たな価値を提供する

また、この取り組みは、学びの資源の活用や学校教育でカバーしきれない生徒の支援に悩む学校や教員に対して、生徒を外部に送り出すハードルを引き下げ、教員が社会教育領域と連携し、活用しやすい環境を整えることにもつながっている。

さらに、これまでの各種の学外プログラムの活用では、各プログラムの運営母体が競合し、参加する高校生の奪い合いとなる面もあったが、ウィルドアがフラットな立ち位置で『willdoor』プログラムを提供することにより、社会教育領域の各種団体やコンテンツ間の役割分担や協力関係が構築できるようになった。高校生にとっては、なりたい自分のロールモデルが得られるのはもちろんのこと、相談先や支援・アドバイスしてくれる人や機関が増えることにつながる。

「三菱みらい育成財団の助成という予算があったことで、私たちはもちろん、参加した高校生にとっても、交流会の開催などさまざまな試みができたのはありがたいことでした。『心のエンジンの駆動』という共通目的によってwilldoorに参加した高校生同士の仲間づくりが円滑に進んだ点も大きなメリットです」（竹田氏）

長期的には、『willdoor』プログラムを超えた学校・社会教育間や社会教育プロ

グラム間をコーディネートする機能を社会に拡充させていくことも進めていく。

「そのためには、高校生が常に、自分が起点となって学び続ける意義を実感することが大事。主役は高校生です。私たちは学校と学外を循環するモデルをつくって、主役を主体的に、かつ本気で応援する立場です」（竹田氏）

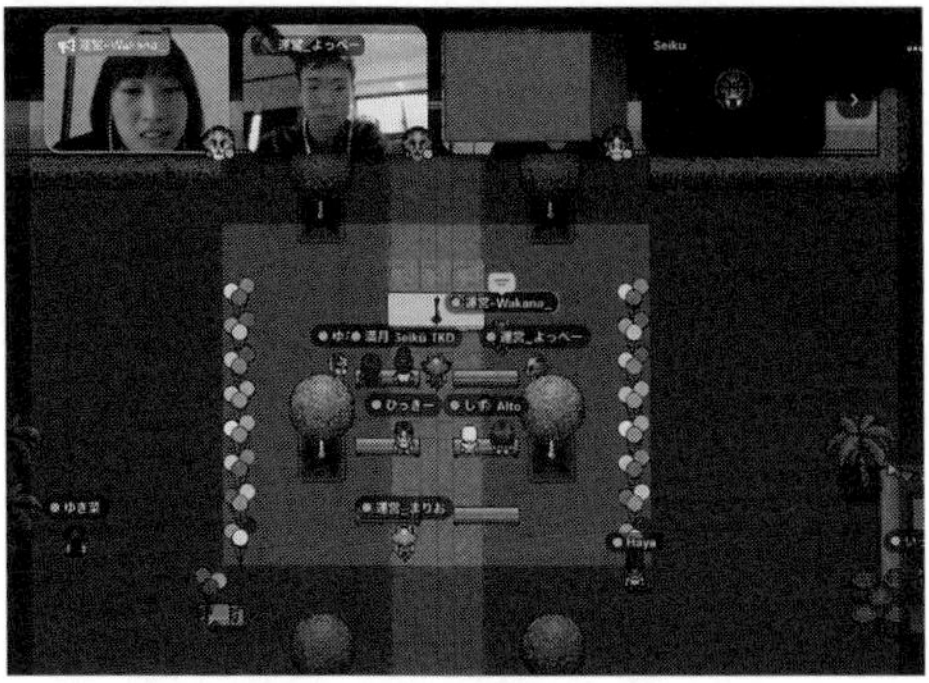

オンラインでつながる「willdoor FES」では、ステージでの高校生のプレゼン後、運営の司会のもと参加者からの質問を受け付けるなどして交流をしている。

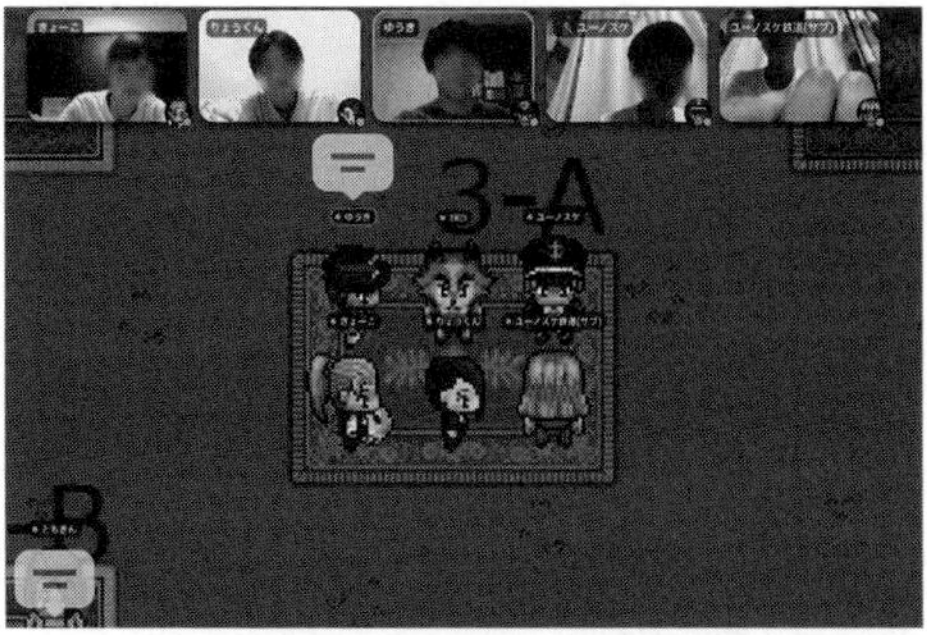

全ステージ終了後、参加者同士でFESの感想やお互いのやりたいことについて語り合う様子。電車好きの参加者が車掌のアバター（右上）を使ったり、それぞれの個性や好きを表現したアバターをつくったりして、参加している。

認定NPO法人日本ファンドレイジング協会――

社会貢献の意識を高め実行する力を身につける
～「寄付」を通して大人との協働機会を創出する～

「寄付」を身近で当たり前のものに

内閣府『社会意識に関する世論調査』によると、「何かで社会のために役立ちたい」と思っている人は日本全体で6、7割いるものの、実際に行動に移す人は4割程度しかいないという。そこで、日本に寄付文化を醸成することをビジョンとし、調査研究や人材育成、子ども向けの社会貢献教育、遺贈寄付の推進などを行っているのが、認定NPO法人日本ファンドレイジング協会だ。

「2009年の設立以来、将来世代の寄付者の育成を事業の柱としてきました」と、同協会のマネージング・ディレクター、大石俊輔氏は話す。

三菱みらい育成財団の助成を受けているのは、寄付先を子どもたちに託す教育プロジェクト『Learning by Giving』（以下、『LbG』）という事業だ。寄付教育の先進国であり、世界最大規模の寄付総流通量を誇るアメリカの財団『Learning by Giving Foundation』が提供するプログラムの日本版である。同事業では主に高校生に向けた寄付教育プログラムを提供しており、体験後の仲間づくりや社会貢献へのチャレンジまでをサポートしている。取り組んでいるのは次の3つだ。

①ポータルサイト『社会貢献教育ポータル』を社会貢献チャレンジコミュニティの中心として深化・定着させ、高校生のチャレンジを誘発する。ここで大人との接点を創出し、実行力・実現力を高める
②教育関係者とのコミュニティ形成を進め、理解者を増やし、教員へのノウハウの移転を図る
③社会貢献を題材とするプログラム・教材の研究と開発を進める

子ども時代の「寄付の成功体験」が価値観の形成に影響を及ぼす

大石氏は大学時代からまちづくり分野のNPOでの活動経験があり、卒業後は地域の中間支援組織で相談業務に携わっていたそうだ。当時からNPOでは「お金がない」「人を育てられない」「人が定着しない」といった課題を抱えており、このま

までは日本の社会課題は山積みのまま、非常に不安定な社会になっていくのではないかと感じていた。

そんな折に日本ファンドレイジング協会の立ち上げを知った。「こういうふうに人を巻き込んだり共感を促したりして物事を動かしていくのか」と刺激を受け、参画することを決めたという。

同協会では、「社会貢献をしたい気持ちがあっても、大人になる過程でその成功体験を積まなければ寄付という行為からどんどん遠ざかってしまうのではないか」と考えている。子どもの頃に寄付の成功体験を積んでもらい、寄付を自然なものとして実行できる価値観を醸成すべく、『LbG』ではクラス単位で高校生たちにお金を託し、自分たちで寄付先を調べたり考えたりして最終的に1つのNPOに寄付をするという一連の流れを体験させている。託されるお金は1クラス10万円から30万円程度で、このお金は協会に託された寄付金を原資にしているという。

学校教育に「寄付教育」を盛り込むことの意義

2021年は、中央大学附属高校、市立札幌開成中等教育学校、都立両国高校の

3校で実施したほか、都立高校を中心に、単発でのワークショップを全国で14校・1449名に提供したという。普通科では「総合的な探究の時間」内で行うことが多いが、商業科では伝統的に課題研究の枠があるため、その中で実施することもあるそうだ。

もちろん、事業者が学校教育の場に入り込んでいくことには難しさもあると大石氏は話す。学年ごとにカリキュラムがきっちり固まっており、融通がききづらいからだという。私立では独自教科の枠があるのでもう少し調整しやすいとはいえ、学習指導要領との整合性が求められる。

また、高校生は大人からの影響を強く受けるため、教員の姿勢や生徒への関わり方も大事になってくる。プログラムに参加した直後は心のエンジンが駆動している様子が見られても、一時的なものであることも少なくない。「それはさておき、勉強に戻ろうか」と、以前の状態に戻るのであれば実施した意味は薄いだろう。生徒の心のエンジンを駆動させるような学校文化や教員の関わりを定着させることも非常に重要だ。

その上、昨今の高校生は塾に習い事にと非常に忙しい。プログラム参加後も継続して何かに取り組みたいという高校生のため、LINEコミュニティを用意したり定期的な交流の場を設けたりしているが、月に1回の活動すら難しい生徒は少なくない。そのような現状を鑑みると、学校の授業に寄付教育をビルトインすることは継続的に取り組めるという点で、その価値は大きいはずだと大石氏はいう。また、寄付によって誰かからの想いを受け取るという意味でも「自分のためだけ」ではない一段上の視座を持てたり、寄付や社会貢献の意味や価値を考える過程で社会のさまざまな課題に気づいたりできるメリットがある。

心の変容が行動の変容を促す

1人でできることには限界があるが、自分の代わりに行動してくれる人なり団体なりに寄付することで、社会課題の解決の可能性は高まる。寄付とは人にお金を託すことであり、レバレッジの効いたお金の使い方だ。

従来の学校教育では、寄付といえばユニセフ募金か赤い羽根共同募金くらいしか選択肢がなかった。ボランティアも学校が決めた先に行くのが一般的だ。しかし、寄付先を選ぶにあたってスポーツに関心がある子もいれば環境問題に興味を持つ子もいる。医療や福祉、文化芸術といった分野にも寄付はできる。その点、『ＬｂＧ』なら多様な団体とつながりがあり支援寄付先を自分たちで選ぶことができる。

寄付先の決定には、自分が何を大事にするかということを突き詰めて考える必要があり、「寄付先を考えるプロセス」は「価値観の形成」と相性がいいのである。自分の感性や感受性とも向き合いながら、本当に大切だと感じていることはどんなことなのかを対話を通じて発見していく。心のしなやかな子どもの内に、体験する意味は大きい。

そのプロセスの中で「自分も何かの役に立てるかも」「課題解決や改善に参加できるかも」という期待が高まり、それが自己肯定感の高まりや心のエンジンの駆動につながっていくと大石氏は確信している。実際、受講後に有志の高校生たちによってコミュニティが形成されてきたことからも、『ＬｂＧ』による心の変容が行動の変容へとつながっていることは間違いないだろう。

選んだ先にお金を投じることで、何らかの変化がそこで生まれる。当然、寄付先の社会課題に優劣も正解もない。生徒たちは〝正解のない問い〟に挑むのだ。それを自分1人ではなくクラス全員で行うというのだから、困難も伴うが、その分学びは深い。

多数決に対話は不要か

クラスみんなで寄付先を1つに絞り込む過程では、多数決をとるシーンがほぼ必ず見られるという。しかし、安直な多数決で寄付先を決めることを大石氏はよしとしない。多数決の後に「これも1つの結果だね、じゃあ、ここからみんなで決めていこう」あるいは「本当にそれでいいのかな？」など、掘り返すような投げかけをするそうだ。

都立両国高校では、大石氏のそのような投げかけによって生徒が黙り込んだ場面があったそうだ。沈黙の3分間、大石氏はそうした空気にも平然として引かなかった。やがて、1人の生徒が「私は○○に投票しました。○○だからです」と口火を切った。すると、「私も○○に投票しました。でも、実際はこう思う」などと、堰を切ったように発言が起こり、生徒たちの話し合いが再開されたという。生徒たちが自ら考え、動くことへのスイッチが入った瞬間だった。

3分間の沈黙は、生徒たちが深く、静かに、自分たちの課題と向き合うために必要な時間だったのだ。活動後、先生方が「普段の授業だと教えることが先立って、生徒たちのスイッチが入ることをただただ待つ、という時間を確保することは難しい。でも、待つことも大切ですよね」と言っていたという。

アクティブ・ラーニングが推進される教育現場において、生徒の活発な議論や発表が盛んな中、沈黙をそのまま受け止めることに戸惑う教員もいるかもしれない。しかし、「沈黙」が生徒の成長の起点になることもある。その「最初の一歩」を生徒が踏み出すまで我慢して待つ度量が、伴走者には求められる。

「『多数決が最も有効に働くのは、意思決定に関わる全ての人がどのような結果でも受け入れられる状態まで対話を重ねられたとき』だと聞いたことがあります」と大石氏は言う。現在の学校教育では自分の主張をロジカルに通すことに主眼が置かれがちな一方で、『LbG』で求められるのは、ディベートではなく「対話」だという。それぞれの主張の背後にある思いや価値観を、その場の声の1つとしていったん自分の中に受け入れることでこそ、自らの価値観に広がりが生まれるからだ。

対話が成熟すると決定を受け入れられる

対話を重ねるうち、「Aがいいと思っていたけど、そういう見方もあるんだ」「AがいいけどBでもいいと思った」「Cになってもいいかもしれない」「頭の中がぐちゃぐちゃ」と、全員の考えがそれぞれの間をぐるぐると回り始める。お互いの価値観が影響を与え合っている状態だ。それを繰り返し、場が成熟してくると、「みんなの思いを全員で共有できた」と、ふっと全員が感じる瞬間がやってくるという。そのうえで「どうする?」と大石氏が問いかけると、「もっと話し合って決めたい」、あるいは「ここまでいったら多数決にしよう」など、最終決定を導く方針が自然と定まってくる。このタイミングで臨む多数決は最初の多数決とは全く意味が異なる。多数決の結果を受け入れてもよいという合意がその場に生まれているからである。

このようなプロセスこそ、寄付先の選定をあえて共同作業にしている最大の利点だと大石氏は主張する。常日頃から〝絶対的に正しい1つの正解〟を与えられ、それを求めることに慣れ切っている高校生だが、『LbG』では答えのない課題に挑み、自らの頭で考え、対話によって多様な価値観に触れ、場の決定を心から受け入れられる経験ができる。生徒の目の色が、声色が、空気が変わる瞬間が、そこにはある。

『LbG』がもたらした「次」への連鎖

このような『ＬｂＧ』での体験を通じて協会の取り組みに共感し、今度は提供する側へ回った人もいる。過去にプログラムを受講した高校生が、大学生になったタイミングで同協会のインターンになり、ポータルサイトや高校生のコミュニティ運営の中心を担っているという。事例を発掘して発信したり、コミュニティで定例会やイベントを開催したりと、かつての自分たちと同じ立場にある高校生たちと丁寧なコミュニケーションを交わし、その行動を後押ししているそうだ。

そのようなつながりをつくれていることが純粋にうれしいと大石氏はいう。同協会のインターンのような存在が生まれていることは、『ＬｂＧ』がまさに彼らの心に火をつけることのできた証拠でもある。

また、ポータルサイトの運営面では、三菱みらい育成財団から助成を受けるようになったことで、他の助成先と横のつながりを持てるようになったことが大きかったという。情報交換したり、取材をさせてもらったりするなど活動の広がりを実感できているそうだ。

応援し、応援される経験が社会への安心感を生む

同協会と大石氏の望みは、日本のどこにいても寄付をはじめとする社会貢献の教育を受けられる状態にすることだという。寄付とは誰かを応援する経験であり、それができれば自分も誰かから応援してもらえるだろう。自分らしい寄付や社会貢献ができるようになることで、社会に対する自分の役割を感じられたり、安心感につながったりするはずだと大石氏はいう。

その結果として、社会課題先進国の日本が、今度は社会課題を解決するロールモデルを世界に示す役割としての「ジャパン・アズ・ナンバーワン」になっていくこともあるかもしれない。

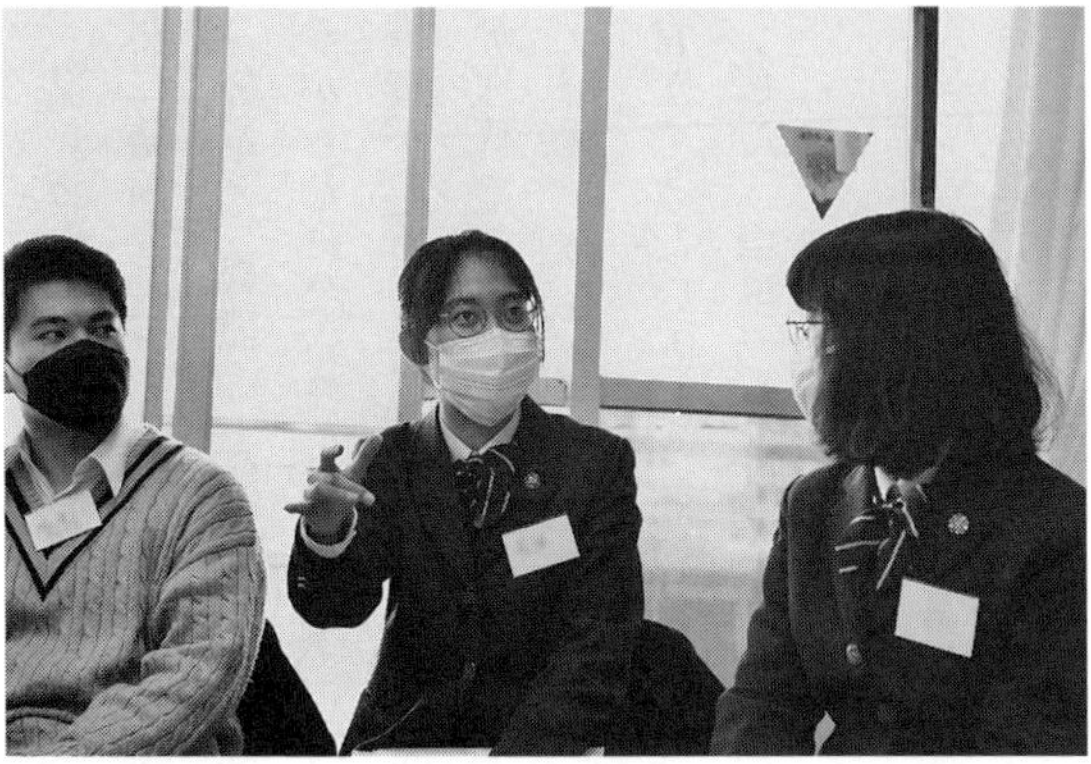

寄付先の選択について、議論する生徒たち。

安直な多数決ではなく、対話によるお互いの価値観や感情の交換で皆が受け入れられる決定に向かう。

悪平等の中で埋もれる「異能」に、高度な教育への道を開く

話をカテゴリー紹介に戻そう。カテゴリー3では、卓越した能力を持つ人材を早期に発掘育成する「先端・異能発掘・育成プログラム」へ助成している。「先端」「異能」と聞くと、一部のトップエリートを囲い込んで育てるものに見えるかもしれない。しかし、これはエリート教育ではない。リーダー教育である。文科省が定めた従来の学校教育制度は、授業で取り残される生徒をなくすために、皆が理解できるよう足並みをそろえる平等主義がベースにある。ただし、悪平等という言葉があるように、低い水準に合わせれば、反対に能力の高い子どもに適した教育ができないという問題を生む。日本でリーダーが生まれにくいという状況も、こうした「卓越」を持つ子どもたちが見過ごされてきた結果かもしれない。

その上で、カテゴリー3は、既存の教育の枠組みでは評価されにくい高校生に居場所を提供し、自己肯定感を持ってもらうためのプログラムへの支援と言える。

例えば、大阪大学の「ＳＥＥＤＳプログラム」（詳細はＰ２２４）では、大阪大

学での講義や研究の体験を通じて高校生の視野を広げたり、受講生間や大学生との交流を図ったりしている。高校生が実際に取り組んでいるテーマを見てみると、遺伝子組み換えに関わる分子生物学の実習からナノの世界の観察、光の特性やプラズマ、海の波の速さ、鉄鋼の腐食、さらには医学や環境、デジタルに関わるものまで、バラエティに富み、いずれもハイレベルである。これら多彩なテーマを大学院の指導教員が提案し、高校生の研究に協力する形をとっている。

こういうことができる高校生が、1クラス40人のなかにどれだけいるだろうか。トップレベルの進学校だとしても、40人中1人、2人くらいではないかと筆者は思った。実際の比率までは調べようがないが、仮に1人しかいないとすると、この生徒は「自分のやりたいことをわかってくれる人」が、周りにはあまりいないと感じているのではないだろうか。実は、「SEEDSプログラム」では、大学の研究内容に触れられることのみならず、参加者同士や大阪大学のスタッフとの交流も好評を博している。

突出した生徒にとって、同じく突出した者との交流は刺激的だろう。カテゴリー3の役割は、一般的な高校教育では得難い出会い、体験、環境を提供することだ。

山形大学の「山形大学発IT人材育成〜シリコンバレー版スーパーエンジニアプログラミングスクール〜」は、大阪大学とは違った切り口のリーダー教育といえる。IT分野で世界をリードするシリコンバレーのスーパーエンジニアから、東北地方全域の高校の生徒が、小型マイコンモジュールを使いながらオンラインで直接プログラミングとアントレプレナー教育を学び、それを活用して自ら発見した課題を解決する体験を通じて、課題解決とは何かを実践的に学ぶ。さらに、山形大学のデータサイエンス高次プログラムを取り入れ、最先端の技術をより実践的に習得できる。本プログラムは、現在日本政府が取り組んでいるDXを推進するために必要な、突出した異能人材を育成することを目的に実施しており、もともと山形県内の工業高校をおもな対象としてプレスタートした。その後、東北地方全域の高校に展開して、日本の将来を担うDX人材の育成を図っている。

カテゴリー3が生まれた経緯を説明しよう。カテゴリー3には、三菱グループの経営者の想いが強く込められている。財団設立前の話し合いでは、「突き抜けた人材、スティーブ・ジョブズのような人材を日本から輩出する環境をつくりたい」という意見もあった。そこで、それを反映するような支援とはどういうものかを考え、議論を重ねた結果、このカテゴリーが設定された。理事の坂東眞理子氏は、突き抜けた人材への教育について語る。
「『浮きこぼれ』の子たちは周りが何もしなくても成長していく可能性はありますが、適切なサポートがあれば、さらに才能を開花させられるはずです。より高度な教育、例えば大学教育につなぐなどの機会を高校生のうちからつくってあげられないか、とアドバイスしました」（坂東氏）
田中氏は、何らかの分野で目覚ましい功績をあげた人たちは、誰もが1つのテーマに興味関心を持ち、それに没頭した経験があるのではないかという。
「その興味関心は、いわゆる学業とは違うところにある場合もある。その関心事に打ち込むことで、才能が尖っていくんです。カテゴリー3はそうした尖った才能を見つけ、育てていくための取り組みだと考えています」（田中氏）

飛び抜けた才能を持つ人たちの居場所に

カテゴリー3の選考委員を務める東京大学名誉教授の黒田玲子氏（以下、黒田氏）は、自然界に広く現れる「左右性現象」に興味を持ち、その研究に没頭してきた。1つのことに熱中し、その才能を磨いてきた黒田氏だが、「本当にやりたいことなんて、そんなにすぐには見つからない」と話す。心のエンジンが駆動するテーマは、最初から興味・関心を持っていることであるとは限らない。

「科学の研究において、現在は一分野の権威として名を馳せている人でも、大学院に進む際の研究室はくじ引きで決まった、なんていっていたりします。最初の研究テーマは上司から与えられることも多い。それでも研究をしているうちに、おもしろさを見出していくんです。少しでもおもしろいと感じること、やってみたいことがいくつかあるといいですよね。途中でやめてもいいし、のめりこめるようだったら発展させてもいい。最初から1つのテーマに絞れる人はそういないでしょう」(黒田氏)

黒田氏自身、もともとは分子構造の左右性についての物理化学分野の研究をしていたが、そこから巻き貝の右巻き・左巻きを決定する遺伝子の研究という発生生物学の分野に進み、さらには、日本ではかつて地方病と恐れられ、今でも熱帯地方で猛威を振るうヒト住血吸虫症の制御に向けた医療分野の研究にも発展させていった。大学に入った頃には想像もしていなかったことだという。

そんな黒田氏はカテゴリー3の助成について、才能を発掘し、その人たちがつながれる環境をつくることを期待している。

「スポーツ選手は若くして活躍する人が多いですが、１人だけ飛び抜けた人がいるよりも、同世代で才能ある人が何人も出てきて層になると、切磋琢磨してさらに伸びていきますよね。研究や起業といった才能についても、発掘によって裾野が広がれば、同世代で層ができると思います」（黒田氏）

同世代の仲間ができることは、カテゴリー３の副次的な効果として現れている。カテゴリー３のプログラムの参加者の感想からは「自分のやりたいことを真剣に喋っても学校の人たちは理解してくれないけれど、ここの参加者とは同じ熱量で話せる」など、やりたいことに安心して打ち込める場所を見つけられたことが窺える。

黒田氏は、こうした効果を生むためにも、選考で「子どもたちのためになるプログラムである」ことを重視している。

「大学の研究に参加してもらうといった内容でも、大学の都合に合わせず、参加者が自分で考え、時には失敗し、アドバイスを受けてまたトライする。そうした、子どもの成長につながるプログラムを高く評価しています」（黒田氏）

黒田氏が評価するプログラムの例として、大阪大学の「ＳＥＥＤＳプログラム」を詳しく紹介する。

国立大学法人大阪大学

大阪大学の教育研究力を活かしたSEEDSプログラム〜未来を導く傑出した人材発掘と早期育成〜

大学のリソースを活用し、高校生の自主的な学びを支援するプログラム

「大阪大学の教育研究力を活かしたSEEDSプログラム〜未来を導く傑出した人材発掘と早期育成〜」（以下、SEEDSプログラム）は、2015年にスタートした高大接続事業だ。高校教育から大学教育への円滑な移行を実現するためのこのプログラムは、学内の多数の部局が連携し、充実した教育資源を存分に活用して行われる。約150名の定員に対し、毎年500名近くの高校生が参加を希望するほど人気なのだという。

SEEDSとは、「Science & Engineering Enhanced Education for Distinguished Students（理工学が高める卓越した学生のための教育）」の頭文字をとったもので

ある。しかし実際には、理系のみにこだわることなく「文理の枠を超えた世界最先端の『知』にいち早く触れられる高校生向けプログラム」と位置付けているそうだ。

このプログラムには、大阪大学の教員はもちろん、学部生や大学院生、留学生など年間延べ500名以上が参画し、意欲ある高校生たちの自主的な学びの場をつくりあげている。

受講した高校生たちがここで得られるのは、単なる知識のみではない。プログラムは、最先端の知に触れるとともに学ぶことの奥深さを体感し、学びと社会との関わりや将来のキャリア形成などにも思いを馳せられるよう設計されている。一般的な高校教育では得難い出会いや体験を経て視野を広げ、課題を発見したり、自身が関心を持てるテーマに気付いたりする機会になり得るのだ。

学びや研究のマインドを伝授し「自分が変わった」を実感させる

SEEDSプログラムには、視野を広げることに主眼を置いたファーストステップと、個人研究を通して具体的な研究の手法や考え方を学ぶセカンドステップが用意されている。

ファーストステップは初年度に受講するもので体感コースともいわれ、約150

名が参加できる。そしてセカンドステップは、ファーストステップでの活動状況とポスター発表などをもとに選考された約20名が参加できるものであり、実感コースともいわれる。

ファーストステップの柱となるのは主に次の3つの要素だ。

①教員による講義と、「めばえ道場」と呼ばれるディスカッションの組み合わせ
②研究室を訪れて教員や大学院生とともに行う研究体験や、企業との共同研究講座の見学会
③留学生とのコミュニケーションを通して国際感覚を磨く国際交流

①においては、50分の講義と20分の質疑応答、それに続く1時間のディスカッションが行われる。講義の内容を丸呑みするのではなく、自身の思考を発展させるべく議論ができる人材の育成を狙いとしている。ディスカッションは5人程度のグループで実施する。その際、ファシリテーター役として学部生や大学院生が参加することで、高校生に学びのマインドを伝える機会ともなっている。
②では、研究室における科学研究の体験を通して、教員と大学院生の研究マイン

ドを伝えていく。そうした中で得たものが、高校生たちの学びのモチベーションを高めたり、今後の目標を考えたりする材料になり得る。

そして③は、留学生と英語でコミュニケーションをとりながらの国際交流が行われる。異文化に触れる中で国際感覚を磨くとともに、視野を広げることを目的としている。

ファーストステップにおいては、基本的に〝研究体験〟という位置づけでこの3つを実施するが、セカンドステップに入ると、1人1つ研究テーマを持ち、数カ月にわたって研究室に入り込み、研究を行っていく。選択した研究テーマを深く追究し、学部生や大学院生と同様に本格的な姿勢で取り組む。

はじめのうちは「おもしろい講義を聞けるのかな」という程度の期待で受講をしていても、プログラムを通してさまざまな体験を積み重ねるにつれ、「自分が変わった」という感想を持つようになる受講生が多い。「学び方が変わった」「人との付き合い方が変わった」「特定のもの以外にも興味を持てる自分に変わった」といった声が寄せられているという。

トップエリートではなく新たな価値を生み出せる人を育てる教育を

大阪大学大学院理学研究科で四半世紀にわたって原子核物理学の研究に従事し、現在はSEEDSプログラムのコーディネーターを務める阪口篤志教授は、このプログラムについて、「スタート後の4年間は、科学技術振興機構のグローバルサイエンスキャンパス事業の支援を受けていました。そのため当時は〝優秀な人材を選び育てる〟という意識が強く、論文や発表で好成績を残すことが重視されていました。しかし、今私たちが目指すのは高校生本位のプログラムです。意欲的な高校生が、評価におもねることなく、自分で自分を自由に育てていけるようなサポートを心掛けています」と話す。

評価というのは必ずしも、その人の真の能力を示すものにはならない。たとえ能力が高くても、評価者の価値観に沿わなければ高評価を得にくいというのが現実である。相手が求める模範解答をうまく差し出せる、高偏差値の難関大学の入試をクリアするような人材がエリートとされ、その実力を認められやすい状況にあるのだ。だからこそ多くの人がエリートを目指し、エリート教育が重視されがちになっている。

しかし、SEEDSプログラムが標榜するのは決してエリート教育ではない。プログラムのサブタイトルに掲げられているように「未来を導く傑出した人材発掘と早期育成」こそが狙いであり、将来に向かって新たな価値を生み出してゆける人を育てようとしている。

カテゴリー3の助成先は、「先端・異能発掘・育成プログラム」であり、ここで示されている「異能」とは、いわゆるトップエリートの能力ではない。特化したスキルによって、日本、さらには世界を牽引し、よりよい未来を切り拓いていく能力だ。

今の日本の教育は平等であることに重点が置かれている。教育を平等に受けられる環境には大きな価値があり、もちろん目指すべきゴールだといえるだろう。けれども、その実現に至る過程では、平等を追い求めるがゆえに教育そのものがコピーアンドペーストになりやすい。その結果、生み出される人材もまた均質化してしまうのだ。

とはいえ、国の予算を頼りにした教育において、その方針として平等を優先するのはやむを得ないことだろう。そうした背景もありSEEDSプログラムは、財団の助成を受けて個人にとって適正な教育に乗り出している。

助成金の多くをプログラムのサポートにあたる学生や留学生の人件費にあてることできめ細やかな運営を行い、新たな気づきや自らの「異能」の発見の手助けができるようにしているのだという。

自らが考え行動し明るい未来を切り拓く

同質的であることが暗に求められ「出る杭は打たれる」という悪しき風潮の中で、突出したスキルを持つ学生が実力を評価されるのは難しい。ましてやその力を伸ばすことは困難だろう。

「浮きこぼれ」と呼ばれ、飛び抜けた能力を持つ学生は「授業は理解できるし成績も悪くない。でも、何のために勉強しているのかわからない」と虚しさを抱えるケースも少なくないという。阪口氏は、SEEDSプログラムで育成したい人物像についてこう語る。

「今の若い世代には、『明るい未来』といってもイメージをするのが難しいかもしれません。しかしそんな時代だからこそ、SEEDSプログラムでは、『未来は自分たちがつくっていくんだ』という意欲を持ち、自分たちの未来のために今何をすればいいのかを考え、行動できる人を増やしていきたいと思っています」(阪口氏)

ELSI（倫理的・法的・社会的課題）についての講義を受けた後の「めばえ道場」で議論する高校生たち。立ち寄った講師の先生をつかまえて、質問したり議論に巻き込んだりしている。

国際交流の様子。各テーブルには留学生がファシリテーター役で参加。英語でのコミュニケーションで文化や価値観の違いを実感する。「めばえ道場」とともに、学校、学年や地域の壁を越えたディスカッションを楽しみ、高校とは違う仲間ができることは、カテゴリー３の副次的な効果である。

時代とともに教養教育が変化しつつある

カテゴリー4は、大学・NPO等で行う、「21世紀型 教養教育プログラム」への支援をしている。カテゴリー4が設置された背景には、次のような議論があった。財団理事長の平野氏は、昔と今では「教養教育」の意味が変わってきているのではないか、という。

「かつての教養教育とは、哲学書を読んで議論するといったものだったと思うのです。しかし現代の教養教育に求めるのは、人類が直面している課題を解決するために基礎的な素養、『心』『技』『アーツ（ars）』を学び、判断の基軸を身につけることではないでしょうか。STEAM教育や『総合知』を重視する最近の傾向もそうした流れの中にあります」（平野氏）

「アーツ（ars）」とは、ラテン語で「技術」を指す言葉だ。VUCAの時代を生き抜くには、ITスキルなどはもちろん、変化に対応する力、例えば感染症の流行で起きたさまざまな混乱に対処する力も、それに含まれるだろう。こうした能力を培う教育は、すべて教養教育に集約されるのではないか、と財団事務局のメンバーは考えた。

坂東氏も「日本で教養と呼ばれてきたものの幅が狭すぎた」と指摘している。
「全体的には、やはり哲学や思想、文学、芸術などの書物を読むことが教養を身につけることだと思われていました。ですが、古代ギリシャ・ローマ時代にあるリベラルアーツの起源には、算術や幾何なども含まれています。リベラルアーツとは、人間が自由に生き、束縛から解放されるための論理的思考や想像力を養う学問だったのです」(坂東氏)

こういった話し合いの末、高校よりも高度な、大学生向けの教養教育への支援が必要であるという結論に至り、カテゴリー4が設置された。カテゴリー4は、複雑で先の読めない時代を生き抜くための課題の解決に必要な基礎的な素養、解決策に導くための自分なりの世界観、価値観の軸を身につけるための教育に支援する、というのがその中身だ。

こうした教育こそが、若者たちが正解のない課題の解決にチャレンジする際に必要になるものであり、本来の「教養教育」なのではないか。財団はこれをVUCAの時代を生き抜く知恵と力を築く「21世紀型教養教育」と定義した。

高校生向けの助成を進める中で、探究学習と21世紀型教養教育がつながれば、高大接続の太い柱ができる。カテゴリー4の目的である大学生向けの21世紀型教養教育を発展させるためには、大学以前の高校時代に心のエンジンを駆動させている生徒を増やさなければならないのだ。カテゴリー1とカテゴリー4は、このように関連づけられてくる。

一部ではあるが、教養教育に力を入れる大学も出てきているという。例えば、東京工業大学では「リベラルアーツ研究教育院」という組織を設置し、1年次には「東工大立志プロジェクト」という科目を全員が履修することになっている。この科目では、教養教育を各自のゴールに向かって志を立てるプロジェクトと捉え、そのための自己発見と動機づけを目的としている。講堂での大人数講義と少人数クラスの演習を交互に実施するという形式は、先述のアメリカの大学の授業を彷彿とさせる。

知識ではなく、問いを立てる力を身につける

カテゴリー4の選考委員を務める、教育社会学や高等教育論を専門とする早稲田大学教育・総合科学学術院教授の吉田文氏は、「大学の教養教育にフォーカスをあてる支援は、これまではとんどなかった」という。吉田氏は、日本の教養教育の問題として、内容についての議論がなされないまま導入されたことを挙げている。

ヨーロッパには古代ギリシャ・ローマの時代から、リベラルアーツというものについて議論がなされて、その中で教養教育が形作られてきた歴史がある。しかし、日本では戦後にアメリカによってこれまでなかったものが導入されたため、位置づけが曖昧なのだ。

とはいえ、今になって内容を議論して決めていくのは難しい。「だからこそ、教養教育を受けることで何ができるようになるかが重要だ。それは、問いを立てるということだ」と吉田氏は話す。

カテゴリー4の応募プログラムを選考する際も、学生に知識や技能を身につけさせる内容よりも、学生が自分で考え、アウトプットする場面があるかどうかを重視しているという。さらに、プログラムの継続性も大きなポイントとなる。

「教員個人が奮闘することで成り立つプログラムは、継続性が低い。大学として組織をつくれているか、どのくらいの資源を投入しているかを見ています。教養教育は、すぐに効果が現れるものではありません。最低でも、学生が一回りする4年間は続けてほしいです。やってみてはすぐ終了するプログラムばかりだと、ますます教養教育が軽視されてしまいます」(吉田氏)

さらに、海外では教養教育に光を当てる機運が高まっているという。

「ヨーロッパではもともと専門的なスキルが重視されていましたが、これからの変化の激しい時代ではさまざまな場面や職業で使える移転可能なスキル、〝トランスファラブルスキル〟が大事だという考えに変わってきています。例えば、適応力、情報整理、チームワークなどのスキルです。それに伴い、大学でも専門にこだわらず広く学ぶことが重要だという認識が広まってきています」（吉田氏）

ロンドン大学のいくつかのカレッジではリベラルアーツ学科を設け、そこで選抜された学生を育てる教育を行っている。オランダでも成績のいい学生や留学生を大学内のユニバーシティカレッジに集め、教養教育を実施している。香港や中国では、「学院制度」というものを設け、そこには選ばれた学生のみが所属し、幅広い学問を修めているのだという。共通しているのは、教養教育をエリート教育に活用しているということだ。

「この流れで、日本だけが教養教育の重要性が低い状態が続くと、世界に取り残されてしまう」と吉田氏は危機感を募らせていた。財団のカテゴリー4の助成活動が、これまであまり注目されなかった教養教育の大切さに、多くの大学が気づくきっかけになることを願っていると話した。

ここからは、東北大学と神田外語大学のプログラムから、人生の軸をつくっていける教養教育のヒントを探っていく。

国立大学法人東北大学

「挑創カレッジ」と「学問論」で広がりのある学びを目指す
～時代にあった分野横断型リベラルアーツプログラム～

「知を創造できる」という実感が学生たちの目の色を変える

東北大学では1993年、教養教育の内容・体制を全面的に見直し、教養部によるものから、大学が一丸となってつくりあげるものへと転換させた。すべての学部に共通する教養教育を、全学総出動体制で実施する「全学教育」としたのである。

そして2022年、「全学教育」の新たなカリキュラムとして実現したのが、学部の枠を超え文理融合で実施される「挑創カレッジ」と「学問論群」だ。

「挑創カレッジと学問論でつむぐ分野横断型リベラルアーツプログラム」は、現代的なリベラルアーツを学ぶ「挑創カレッジ」と、知の創造に向けた学びの転換を実現する科目「学問論群」を融合したプログラムだ。このプログラムでの学びを通して、知識のインプットにとどまらず、自ら問いを立てて対話をすることができる人材の育成を目指している。

背景にあるのは、２０１８年に策定した「東北大学ビジョン２０３０」である。これは２０３０年を見据えた挑戦的な展望として掲げられたもので、転換期を生きる学生の創造力を伸ばす教育の展開を宣言している。

「挑創カレッジ」という名称は、学生の「〝挑〟む心に応え、〝創〟造力を伸ばす実践教育」を意味している。２０１９年にスタートした挑創カレッジは、それぞれの専門分野の枠を飛び越えて意見を交換する場を持つ。そうした場を経験することで、「自分にも知を創造できる」という実感を持つと、学生たちの目の色が変わる。そして、より高度な次元の挑戦心と探求心を抱くようになるのだ。

このプログラムには、「コンピュテーショナル・データサイエンス」「グローバルリーダー育成」「企業家リーダー育成」「ＳＤＧｓ」「プルリリンガル・スタディーズ（複言語能力）」という5つのプログラムが用意され、あらゆる分野に関心を持つ学生たちが集い、ともに学びあっているという。

「挑創カレッジ」を受講した経済学部2年の学生は、「学びの自由度が高いがゆえに難しさもありますが、知識や技術が身についたのはもちろん、対話を通じて視野が広がったことを実感しています。これまでにない視点で物事を捉えられるようになりました」と話す。

学びに広がりを持たせることで新たな可能性を生み出す

時代とともに複雑化するグローバルイシューに対応するためには、分野横断型の学びが求められている。例えばＳＤＧｓをとってみても、複数の分野に横たわる問題であるため、１つの専門分野を極めているだけでは解決が難しい。学びの〝深さ〟だけではなく、〝広がり〟が必要とされている。

東北大学の理事・副学長であり、高度教養教育・学生支援機構長を務める滝澤博胤氏は、次のように語る。

「『自分のポケットの中に何が入っているのか』をイメージしてみてください。チョコレートばかりをたくさん持っているのもいいですが、それよりも、キャンディーやクッキー、缶コーヒーなども持ち合わせているほうが、可能性が広がるのではないでしょうか。組み合わせることで新たな味わいを生み出すことができますから。学びについても同じことがいえます。分野を横断して学ぶことで、これまでにないものを創造する力を持つことができる。そうすれば、いざ課題に直面したときに解

決の手段が増えるはずなのです」（滝澤氏）

「学び、問う」という学問の本質を体感できるカリキュラム

「学問論群」は、「学問」つまり「学び、問う」姿勢を身につけるためのカリキュラムである。大学で取り組む「学問」は、高校までに経験してきた「学習」とは一線を画す。「学習」が自分の考えを正解へと寄せる「答え探し」であるのに対し、「学問」は知の創造だ。その隔たりを埋めるために、まずは「学び、問う」ことの実践に不可欠なアカデミック・スキルズを身につける必要がある。そのためのプログラムが「学問論群」なのだという。

1年次前期に全学生を対象として実施される「学問論」は、その基礎の習得を目的としている。そして、より深く学びたい場合は、少人数制のアクティブラーニング「学問論演習」を履修することができる。ここでは、「学問論」を受講後に各自がレポートを執筆し、その内容についてディスカッションをした上で相互評価を行う。これは、異なる意見を持つ者が場をともにし、対話を通して最適解を導き出すというトレーニングになっている。

高度教養教育・学生支援機構の中村教博教授は、この一連のプログラムについて「受講によるインプットとレポートによるアウトプット、さらには対話を繰り返す中で、他者視点の気づきを得ることができます。そうした経験を通して、ものの見方や考え方を相対化することを学ぶのです」と話す。

「学問論」のテーマとして設定されているのは、「大学論」「科学史」「学習倫理」「科学技術論」「研究入門」の5つ。これらのテーマへのアプローチを通して学生たちは、正解が1つではない「問い」に主体的に取り組み、その成果をアウトプットして相手に伝える力を培っていく。

こうした対話型カリキュラムの運営に欠かせないのが、受講を支援する先輩学生であるティーチング・アシスタント（TA）の存在だ。このプログラムでは、助成金の多くをTAの雇用助成にあてている。現在、「学問論」では約35名、「挑創カレッジ」では約50名のTAが参画し、授業運営の円滑化とTAの教育力の養成を図っているそうだ。

「学問論」にてアカデミックスキルに関する大規模講義後に、少人数に分かれ、「学びに関するイベント」を企画している様子。

参加者同士の対話を繰り返すことで、他者視点の気づきを得ながら、グループ案のアウトラインをまとめていく。このような経験を通して、自分たちで「知を創造」するプロセスを学んでいく。

総合的な力を持ち、時代を切り拓くリーダーを育成したい

理事・副学長の滝澤氏は、「社会を先導する人材には、問いの答えを出すための知力、そして、最適な解を選び取る決断力が必要です。ところが、それだけではリーダーは務まらない。方向性を示し先頭を切って歩みを進めたときに、人々が納得して後を歩けるようでなければなりません。つまり、自身の選択がベストであることを伝える力も不可欠なのです」と話す。

卓越した学術研究を通して知を創造し、イノベーションを創出する。そして、大変革時代の社会を世界的視野で先導する。そのような力強いリーダーこそが、このプログラムが育成したい人物像なのだという。

「挑創カレッジ」と「学問論群」を融合したこのプログラムは、そうした総合的な力を学生たちが前のめりになって培えるように組み立てられているのだ。

神田外語大学

入学後の海外スタディ・ツアーで国際的な視点を持つ
～「グローバル・チャレンジ・ターム」で学び続ける体質に～

「平和のためのグローバル教養」を学ぶ

2021年に新設されたグローバル・リベラルアーツ学部は、Global Liberal Arts for Peace（平和のためのグローバル教養）をコンセプトに掲げ、平和実現に向けて活躍できるグローバルな人材の育成を目的としている。

この学部の特筆すべき点は、全学生が必修で2度の海外留学を体験するということ。入学後3カ月目には、海外スタディ・ツアーと呼ばれる約3週間の短期留学（2021年は新型コロナウイルス感染拡大の影響を受けてプログラムを変更、リアルとオンラインのハイブリッドで実施）、さらに3年次後期には、4カ月間にわたってNY州立大学へと留学する。

財団から助成を受けている「グローバル・チャレンジ・ターム」は、1度目の留学にあたる海外スタディ・ツアーを柱に据えた入学後6カ月間のカリキュラムの名称である。このカリキュラムは、学生一人ひとりが「何を学ぶのか」「自分は世界に対して何ができるのか」について時間をかけて考え、目指す道を模索し見極めることを狙いとしている。

欧米の大学では、入学前や卒業後に留学などをして経験を積むギャップ・イヤーと呼ばれる制度が根付いているという。学生たちはこのモラトリアム期間に、学びを深めたり将来について考えたりすることができる。

しかし、日本の教育制度においてはその実施が難しいのが現状である。そこで「グローバル・チャレンジ・ターム」では、入学後の半年間を学生自らが今後について考えるための期間にあて、その間に留学も経験させることで、ギャップ・イヤーのような機能を生み出しているのだ。

このプログラムでは、まず、1年次4月から5月に設けられた第1タームで教養の基礎を学ぶ。この2カ月間は、海外スタディ・ツアーの準備を行う期間でもあり、この学部での学びを進めるための導入となる。6月から8月の第2タームでは、7月に海外スタディ・ツアーを実施。その前後には、事前学習と事後学習を行う。

入学して間もない時期に留学を体験し、さらに、その経験を踏まえて自身の学びの方向性をじっくりと考えるというプログラムは例が少なく、各方面から注目を集めているそうだ。

学びの目的意識を強く持つことができる4つの渡航先

海外スタディ・ツアーでは次の4つの渡航先を設定しており、学生は基本的に希望した行き先へと赴くことになる。

まずは、リトアニアの国立総合大学ヴィータウタス・マグヌス大学。リトアニアは、東洋のシンドラーと呼ばれた外交官、杉原千畝による「命のビザ」の歴史がある土地だ。学生たちはここで、人道支援や中東欧史、紛争と対立などについて学ぶ。

続いて、イスラエルの国立ヘブライ大学。ユダヤ教やイスラム教、キリスト教の聖地であるエルサレムでは、宗教の多様性やイスラエル・パレスチナの歴史、人道支援の現状などを学びとる。

インドのシンバイオシス国際大学では、学校に通えない子どもたちに教育の場を提供するNGOなどでのフィールドワークで、多様性や教育格差などについて学ぶ。

そして、マレーシアのスウィンバーン工科大学サラワク校では、多文化共生や宗教の多様性について学びを深める。ボルネオ島の熱帯雨林再生プロジェクトのフィールドワークにも取り組み、「開発とサステナビリティの両立」についても学修する。

留学先としてこの4カ所を選択肢としている理由は、「平和のためのグローバル教養」という学部コンセプトに基づいた学びの目的意識を強く持てるからだという。

これらの国や地域は、紛争や貧困、環境問題といった平和を脅かす問題に直面している。現地を訪れた学生たちは、それらの問題を理解するためには、歴史や政治をはじめ、経済や文化など多岐にわたる知識が不可欠であることを痛感する。そして、そうした教養の習得なしには課題解決の糸口すら見えないことを知るのである。

「ハンマーで頭を打たれたような衝撃」によって学び続ける体質に

学部長の金口恭久氏は、「海外スタディ・ツアーは、単なる語学研修ではありません。主たる目的は『訪れた先で今まさに起こっていること』を学ぶことにあります」と語る。

このプログラムの大きな魅力は、留学を通して、学生たちの心のエンジンに火がつくように設計されている点だ。

「現地を訪れ、日本にいては気がつかなかったさまざまな問題に直面することで、『解決のために私も行動をしなければ』という思いを強くする学生が多い。そうした思いが学びを推し進めるモチベーションにつながり、その後の生き方に大きな影響を与えるのではないかと考えています」（金口氏）

「海外スタディ・ツアーを体験した学生からは『留学先での経験が、今後の学びや進路を考えるうえでのヒントになった』という声が届いています。留学を経て、将来は難民支援に携わりたいと考えるようになった学生もいます」（金口氏）

「グローバル・チャレンジ・ターム」において、語学はひとつのツールにすぎない。留学を含むこの一連のプログラムは、語学をツールとして世界とつながり、そのうえで自ら考え、行動する人を育成するという、新たな教育の形を体現しているのだ。

「私たちの取り組みの根底には『Lifelong Learner（生涯学習者）の養成』というテーマがあります。外国語学習への関心をきっかけに、学生自身が『生涯にわたり学び続けられる体質』を養っていくのです。その追究のためには『グローバル・チャレンジ・ターム』のような挑戦的なプログラムを実現し、教育を改革していく必要があると思っています」（金口氏）

学校に通えない子どもたちに教育の場を提供するNGO Door Step Schoolでのフィールドワーク。折り紙や日本の歌遊びを教える様子。インドでは、多様性や教育格差などについて学ぶ。

インドの民族衣装サリーを着て記念撮影。現地の人々の伝統文化や風習を体験することで理解を深める。

リトアニア議会を見学している様子。国際社会がかかえる問題を理解するためには、歴史や政治をはじめとして、経済や文化など多岐にわたる知識が不可欠であることを痛感する。

リトアニアのヴィータウタス大公戦争博物館を見学している様子。リトアニアでは、人道支援や中東欧史、紛争と対立などについて学ぶ。

教育を変えるには指導者を育てなければならない

心のエンジンが駆動した若者を増やしたい。そのためには、生徒一人ひとりを教育する考え方もあれば、教育の仕組みを整えていくという考え方もある。

第3章と第4章のここまでは、一人ひとりの生徒、すなわち若者を育てるプログラムについて見てきた。しかし、財団の取り組みはここにとどまらない。それがカテゴリー5の「主体的・協働的な学習（心のエンジンを駆動させる学習）を実践できる教員養成・指導者育成プログラム」への助成だ。これが教育の仕組みを整えていく考え方、つまり、若者を育てる側の指導者を育てていく取り組みである。

財団の構想段階から、「高校の先生たち向け」のプログラムをつくることは決まっていた。その背景にあるのが、高校などの教育現場で探究学習の導入に困惑する声があがっていたことだ。

「探究の授業をやれ」といわれても、「教えない授業とはどんな授業なのか」「探究のテーマをどう探したらいいのか」と戸惑う教員は多かった。教員への研修は、各地の都道府県教育委員会で用意されてはいるものの、財団の立場から教員への支援を上乗せすれば、探究学習の指導者の力をより伸ばせる。
若者の心のエンジンを駆動させるためには、指導者自身の心のエンジンも動いていなければならない。選考委員からも「先生の心に火がついているかが重要だ。教え手の心のエンジンが駆動していなければ、生徒の心のエンジンなど駆動させられないのではないか」との意見があった。若者を育てる側の指導者を育てていく取組みは、心のエンジンが駆動する人を増やす。そしてその人が、他の人の心のエンジンを駆動させるきっかけをつくっていくのだ。本章の冒頭で述べた、重層的で構造的な支援の真髄はここにあると言えるだろう。

指導者を育成するプログラムについて、具体的に見ていこう。財団は2021年度より、カテゴリー5への助成をスタートさせたが、初年度のみ「タイプA」と「タイプB」の2つのタイプの助成を募集した。

1つ目の「タイプA」で採択されたのは、東京学芸大学の「高等学校における授業及び教師教育モデルの開発・普及プロジェクト」(高校探究プロジェクト)だ。全国の高校の教科の授業や総合的な探究の時間での「探究的な学び」を実現するために、授業研究型のワークショップを開催したり、そのためのビデオ教材を作製したりすることが含まれている。国立教育政策研究所の調査官・研究官や国際バカロレア関係者、教育コンサルタント等からなるアドバイザリーボードを設置するとともに、北海道や大分県の教育委員会等とも連携し協働的に進めている大規模なプロジェクトである。

2つ目の「タイプB」は、NPOなどの教育事業者や大学によるものだ。2021年度に採択された一般社団法人ティーチャーズ・イニシアティブの「主体的・協働的な学び」を実践する教員養成のための指導主事（教員）研修は、全国から高校の指導主事および高校教員を募って行われている。

指導主事とは、端的にいえば、教育委員会などで「先生の研修をつくる」立場だ。このプログラムでは20人程度の指導主事を集め、チーム単位で「教員向け研修」を開発してもらう。少ない参加者数で、高い密度で行うプログラムと言えよう。指導主事たちは、ティーチャーズ・イニシアティブで学んだことを自分自身で咀嚼し、地域・学校に戻って、広げていく。さらに、このプログラムで地域をこえたつながりができ、その後も仲間と学び合い続けるようになる。

これらの助成プログラムは、第5章で詳しく述べる、プラットフォーム化の試みにつながってくる。プラットフォーム化とは、端的にいえば、教育にかかわる人のつながりをつくることだ。例えば、指導者を指導する立場の指導主事同士のつながりができれば、全国の指導主事間での交流や連携、情報交換が活発になっていくだろう。指導主事のもとで研修を受ける教員にも、その効果が波及していく。こうした取り組みが、「日本の教育を変える」ためにどう結実していくか、第5章「10年を超えて、未来につなげていく」で詳しく述べる。

教育ならば、違う立場でも協力できる

この章の最後に、鵜尾氏が語った「教育という、自分たちの次の世代のためのことならば、いがみあっている人々でも協力できる」事例を紹介しよう。

鵜尾氏はJICAで働いていた時に、子どもの教育が人をつなぎ、紛争が沈静化していく過程を目の当たりにしたことがあると語った。それは、インドネシアのマルク州でのことだ。マルク州では1999年に民族・宗教紛争が起こり、死者が9000人に達するほどであった。報復の連鎖が止まらない中、治安の安定化のきっかけとなったのが学校の再建だった。

「地域の学校にはイスラム教徒の子もキリスト教徒の子も通うので、宗教の違う者

同士で共同作業をすることになる。そうしたら、だんだん『子どもたちのためにも、争いをやめよう』という声が増えてきて、紛争が止まったんです。このケースについて、当時のＪＩＣＡ内でも紛争解決の最善の方法だと評価されました。教育には、地域の人たちの心を一つにして、課題の解決に向かわせる力があるんです」（鵜尾氏）

教育が変われば、社会が変わる。三菱みらい育成財団がてがける「壮大な社会実験」は、どのような未来をつくっていくのか。次の第５章では、三菱みらい育成財団が描く、「未来図」を探っていきたい。

第5章

10年を超えて、未来につなげていく

Connecting to the Future: Ten Years and Beyond

助成先同士で悩みを共有する「交流会」

三菱みらい育成財団は活動期間を10年と決めている。退路を断ち、あくまで決められた期間に成果を出す覚悟からだ。10年先のことは、その時に考えるべきであるという。ただ、10年後のその先も、活動の目的が達成され未来の教育の種となるような「プラットフォーム事業」の取り組みが重要だと考えている。このプラットフォーム事業こそが、日本の教育を変える突破口となる秘策だという。

教育プログラムは、一般的に助成が終了すると対象プログラムを継続することは難しい。資金調達や自走が簡単ではないからだ。教育を変えていくための取り組みを、財団が主体となり引っ張っていくだけでは、目的は達成できない。教育プログラムの効果を永続させるためには、教育プログラムの主催者が自ら動き、同じ志をもつ人々と有機的にかかわっていけるようなプラットフォームをつくることが望ましい。

そのためには、助成先をネットワークでつなぎ、よい取り組みを横に広げていったり、アイデアを交換したり、悩みを相談できたりするような「場」をつくることが必要になる。

プラットフォーム事業について、評議員の田中優子氏は「志のある先生は学校内で孤立してしまうことがある。そうした人たちを学校の枠を超えてつないでいく、ネットワーキングの支援をしていることがこの財団の大きな特徴」と評価する。

高校だけでなく、高校と大学、教育事業者と広がりのあるネットワークをつくれる点について、アドバイザリーボードの宮本久也氏は次のように語る。

「カテゴリーの違う助成先ともつながると、お互いすごくいい影響があるでしょう。通常、高校と大学、教育事業者はお互いのことを知りません。でも、この財団の助成先ということは、今の日本の教育の閉塞感や課題をなんとかしたいという想いを共通して持っている仲間のはず。そうした同じ願いを持つ人たちがつながると、物事が大きく動くと思います」（宮本氏）

プラットフォーム事業は、教員や教育事業者が安心して本音を語れる場を提供し、教育にかかわる人々をつなげるハブになっているのだ。

プラットフォーム事業が目指す横のつながりを促進しているのが、助成先同士の交流会だ。２０２０年の12月に初めて開催された交流会は、現在７月、11月、２月（もしくは３月）と年３回開催されている。財団の立ち上げ時はオフラインでの交流を想定していたが、感染症拡大の勢いが収まらない中、オンラインでの開催が中心となっていた。２０２３年2月には、はじめてオフラインの交流会を開催でき、直接会っての活発な交流が生まれた。

交流会は、石黒和己さんが主宰するＮＰＯ法人青春基地の全面的なサポートのもとで行われている。理系ブロッサムと同様に、財団の活動は、助成先や教育事業者などの協力に支えられている。財団は志を分かち合いともに取り組む仲間を増やしながら、教育を変えていこうとしているのだ。

筆者がオンラインの交流会を見学した時は、少人数に分かれて会話をするグループに、宮城県、石川県、大阪府、京都府、鹿児島県、沖縄県の高校教員・教育事業者が集まっていた。校舎の様子を映して見せてくれる教員もおり、これはオンライン開催ならではの利点だと感じた。

また、お互いの抱えている悩みや課題を共有し合う中で、専門高校のために転勤がなく1人で長くプログラムを担当することのデメリットを感じている教員もいれば、それとは逆に教員の転任が多くノウハウが引き継がれないという悩みを抱えているケースもあり、各学校によって課題が違うことを実感した。

はじめてのオフライン交流会の様子。NPO法人青春基地によるファシリテーションのもと、活発な議論が行われた。財団の活動は、こうした財団以外の教育事業者などのサポートによって成り立っている。

それぞれに選んだテーマごとに、目指す未来に向けて意見を交わしている。普段は出会わない教育への強い想いをもつ人同士が交わることで、新たな有機的なつながりができていく。財団主催の交流会後には、参加者同士での自発的な議論も行われていたようだ。

各教員のおかれた状況は違うが、目指す学びの姿は共通している。それによって、お互いの悩みに共感したり、「この学校の取り組みが参考になるのではないか」と提案したりと、議論は徐々に白熱していった。制限時間がなければ、ずっと話していられたのではないかと思えた。

カテゴリーを超えたコラボレーションが生まれている

交流会は当初、カテゴリーごとに分かれて開催されていた。しかし、その時々で話された内容を確認すると、学校以外の組織であるカテゴリー2の助成先は高校教員との交流を求めており、カテゴリー1の助成先は高校内だけでの活動に限界を感じている、ということがわかった。さらに、カテゴリー3の大学の教職員も、高校の現場の話を聞きたいと考えていることがわかった。そこで、2021年度からの交流会は、カテゴリーの枠を取り払って開催することになった。

事務局メンバーは、カテゴリーを横断して開催する意義を実感した時のことをこう語る。

「高校の先生が『生徒によって探究の授業に対する取り組み方に差がある。いわれた通りそこそこはこなすけれど、思い切った一歩が踏み出せない生徒がほとんど。

生徒に自分の殻を破ってもらうにはどうしたらよいのか』と悩んでいました。それに対し、大学の先生が『そういう生徒は積極的に動いている生徒と一緒に活動することで、もし今自ら一歩が踏み出せなかったとしても、大学に入ってから当時のことを思い出し、自分も頑張ろうと意欲的に活動することがある。今はただ一緒に活動させるだけでいい』と答えていました。これは、同じ高校内、もしくは高校の先生同士で話していても答えが出ない問題です。卒業した後の様子を知っている大学の教員だからこそ出せる答えがあるのだ、と目からうろこが落ちました」

高校や大学といった枠を超えて話し合うことで、視野が広がり、今までと違った切り口の答えが見えてくるのだ。

はじめは財団が設けた交流会の場であったが、そこから生まれた縁で、参加者同士が自発的に横のつながりを持つようになってきている。財団がマッチングしたわけではなく、高校と教育事業者、高校と大学など、垣根を超えたコラボレーション企画が自然発生しているのだ。交流の中でよいプログラムを共有しあい、さらに進化させようとするその動きを財団がウェブサイトなどで紹介したところ、「そういう取り組みができるのか」と知った参加者たちが、また新しいコラボレーションを企画するという流れも出てきた。

例えば、カテゴリー1の助成先である東京都立両国高校と、カテゴリー2の日本ファンドレイジング協会がコラボレーションし、2021年7月から2022年2月にかけて、「総合的な探究の時間」の授業を18回にわたって行っている。ともにカテゴリー1の助成先である岡山学芸館高校と兵庫県立御影高校の間では、交流発表会が開催された。御影高校から他校とのコラボレーションについて相談を受けた財団が、隣県の助成先・岡山学芸館高校に声掛けして実現したのだ。


これらは助成先同士の代表的なコラボレーション事例だが、他にも助成先同士がつながっている例は数多くある。カテゴリー1を担当している事務局メンバーの高橋氏は「皆さん、私が知らないところで連絡を取り合って、いつの間にか一緒に何かを始めているんですよ」と笑う。

プラットフォーム事業として取り組んでいるのは、交流会だけではない。助成先同士で日常的に交流ができるよう、チームコミュニケーションツールであるSlackのワークスペースを設定したり、メールマガジンでさまざまな助成先の活動を共有したりしている。また、成果発表会や助成先の表彰式も行っている。

プラットフォーム事業について、理事長の平野氏は次のように述べている。

「交流会や成果発表会、理系ブロッサムなどのプラットフォーム事業は、教育事業者や助成先の皆様のサポートで成り立っています。いろいろな方々とパートナーシップを組みコラボすることで、財団のメンバーだけでは思いつかないようなアイディアが生まれたり、現場の実践に根差した共感性のある活動が一定の規模と広がりをもって可能になっているのではないかと感じています」（平野氏）

「探究の形骸化」を防ぐ

発足して4年目に入った財団の活動だが、新たな課題も見えてきた。2022年度のカテゴリー1の選考委員からは、「カテゴリー1の探究プログラムが〝型にはまってきている〟のではないか」との声が挙がった。2022年度で3カ年目を迎えたが、応募プログラムから受ける印象が変わってきたという。初年度は粗削りながらも独創的なプログラムが多かったが、だんだんとスケールが小さくなり、定式化されてきたように感じるというのだ。ある選考委員は、教え手側のパッションが影響しているのでないかといった。

また、カテゴリー5の助成先の教育事業者からはこんな声が聞かれた。

「探究学習は、まずは先生たちが自ら探究を経験し、楽しむことが大事。先生が楽しんでいなければ生徒はついて来ない。先生が義務感で探究を行うと、それは、『教科』が『探究』という科目に変わるだけで、本当の探究にはならない」

探究が『やらなければいけないもの』になった瞬間に、本来の目的を逸れて、魂のこもらないものになってしまう。探究学習に取り組むこと自体が目的になり、形骸化してしまう懸念があるのだ。

アドバイザリーボードのメンバーからは、今後は生徒たちが自らやりたいと声を上げた取り組みに助成するのも検討すべきではないかといった意見もあるという。

探究学習の成否は、指導者のスタンス次第のところが大きい。「やらされている」と感じている指導者がつくったプログラムは、客観的に見ると、どうしても「足りない」と思われてしまう。これは、選考委員からプログラムの選考基準として聞かされた「指導者の心に火がついているか」を見る、「教員が孤独に進めて空回りしていないか」を見る、といった指摘に通じるものがあるだろう。

探究学習がスタートした当初は、文部科学省の指示で「いわれてやる」ことになった教員も多いはずだ。しかし、たとえ「いわれてやる」から始まったとしても、生徒のことを思う教員なら、活動する中での気づきが生まれるはずである。探究学習の形骸化を防ぐためには、そうした指導者の心のエンジンの駆動が必須だ。ただし指導者個人で簡単にできることではないからこそ、財団のフォローアップが意味をなしてくる。

探究学習が型にはまってきていることを語るならば、大学入試の存在は避けて通れない。

高校が探究を積極的に行う理由のひとつに探究学習が総合型選抜・学校推薦型選抜（ＡＯ入試・推薦入試）の対策にもなることが挙げられる。総合型選抜・学校推薦型選抜では、課外活動などの実績が重視される面もあるからだ。

ところが、塾などでの入試対策が精緻化し、入試対策のために探究活動を行うようになると、生徒が行った活動のどこまでが大人が準備したもので、どこからが生徒自身が考えたものなのか、区別をするのは簡単ではない。第２章で鈴木氏が語った「入試対策が精緻化しすぎている。自分で考えて独自の計画で勉強をする受験生が、徹底的に分析・対策された塾のプランに勝てなくなってしまった」という話が、ここでまた持ち上がってくる。同じことが総合型選抜・学校推薦型選抜でも起こり始めていると、アドバイザリーボードメンバーからの声もあった。

大学入試に向けてサポートする塾に責任があるわけではないだろう。すべてを今すぐに解決する万能薬はないのだから、社会全体として、探究学習が形骸化することを防ぐ仕掛けをつくっていくべきだ。

未来の教育のために何ができるか

教育が抱える問題は複雑だ。だからこそ、これまで放置されてきたともいえるだろう。絡み合った問題を解決していくには、教育現場だけへの働きかけでは足りない。教育に関わる行政機関や教育委員会も巻き込むなど多角的な活動が必要になる。

三菱みらい育成財団は、それを踏まえて現在の教育の課題に正面から向き合い、カテゴリー1から5までの重層的な構造の助成を以って、教育現場を直接、支援してきた。そこから見えてきたのは、財団が描いた未来につながる〝新しい日本の教育の設計図〟だった。

財団は日本の教育を変えるために多様な人々と協力し奮闘しているが、財団の力だけで教育を変えていけるわけではない。財団は「社会全体で教育をよくしていく」ための1つの主体にすぎない。もちろん、読者の皆様も教育にかかわる主体の

1つである。
本書のおわりに、未来の教育をつくっていくために社会は何ができるのか、我々一人ひとりが何をすべきかについて考えていきたい。

探究学習は、すでに全国の高校で実施されている。財団の活動からは、探究学習において学校側に最適な学びがラインナップされていて、生徒が自由にテーマや方法を選べる環境が整えられていれば、生徒たちの心のエンジンが駆動する機会が増えていくだろう、という結論が導かれてきた。

生徒たちの「興味・関心」は多種多様で、心のエンジンに火がつくのがいつかはわからない。15歳から20歳の若者は、やりたいことが明確な生徒ばかりではない。けれどもそれは、やる気が無い訳ではない。一歩を踏み出したくとも踏み出せない、受け身となってしまう若者がほとんどである。

その閉塞感を打破するには、学校内でのプログラムでは物足りないと考える生徒や、学校の枠におさまらない生徒の才能を伸ばすために、学校外の教育事業者などが提供する多種多様なプログラムが必要だ。学校内だけで対処するには限界がある。

教育予算は学校の施設費・設備費や人件費などにあてられる割合が大きく、本書で取り上げてきたような教育プログラムを実施する資金は、教育現場にいきわたりにくい状況にある。外部から講師を招く際の謝礼・交通費・備品代などがなければ、生徒たちの「小さな一歩」を踏み出すきっかけを逃してしまうかもしれない。

また教育プログラム自体に支援を行うことはもちろん、探究学習の好事例を共有したり、教員の働く環境を整備したり、学校外とも連携できる指導者の育成をしたりする取り組みも大事だ。教員からは、探究学習の指導に戸惑う声も上がっており「ただの〝調べ〟授業で終わってしまう」という悩みも聞かれた。「探究学習」の導入が本来の目的を失って単に「教科」にとって代わってしまい、「いわれてやる活動」「やらされる活動」になってしまっている面もある。「探究学習担当の先生にただがんばってもらう」だけではなく、より広く、多くの大人がそこにかかわっていく地盤を固めていくことが望ましい。

生徒の心のエンジンを駆動させるには、心のエンジンが駆動した指導者、学校外とも連携できる指導者の育成をしなければならない。先生が心のエンジンが駆動した状態で指導にあたる、学校外の協力者にも指導にあたってもらうことで、生徒の多様な「興味・関心」に対応できるようになっていく。

15歳から20歳の教育を変えていくには、国や学校関係者だけでは難しく、教育事業者や民間企業、そして地域住民や保護者を含む一般の社会人も、教育に関心を持ち、それぞれが動き、協力していく必要がある。

第4章などで述べたように、教育現場がさまざまな学校外の協力者とつながり、連携を深めていくことができるプラットフォームづくりを、社会全体で推し進めていけるかが鍵を握る。そこからお互いに利となる、あるいは相性のいいプログラムをマッチングさせ、学校の垣根を超えたコラボレーション企画を生み出すなど、従来の枠にとらわれない発想で、学校が周囲を巻き込んでいくのが理想の姿だ。そうした取り組みが1つずつ増えていくことで、教育は変わっていけるのだ。

財団が調査・分析してきた、「心のエンジンの駆動」を実現している好事例は、高校・大学・教育事業者にとって参考になるだろう。ただ、こうした好事例が生まれている一方で、新たに見えてくる課題も多いのが実情である。教育の未来を変えていくには、まだ発展途上であり前途多難だ。しかしいかなる課題が出てこようとも、「教育に社会全体で取り組む」という姿勢は常に持ち続けなければならない。本書をきっかけに、読者の皆様一人ひとりが教育に関心を持つことが糸口となるはずだ。

おわりに

一般財団法人　三菱みらい育成財団　理事長　平野信行

「日本の教育を変える」という途方もない目標を掲げて私たちが活動を開始してから4年近くがたつ。試行錯誤を繰り返しながらも、多くの人々に支えられて、ようやく一定の方向が定まり、手ごたえを感じるようになってきた。

そもそも教育になんの知見もない三菱グループがこの事業に取り組んだ経緯や背景については、第一章で述べられているが、ひとことで言えば、「三菱金曜会」に集うグループの仲間が抱く危機感と自省の念がその出発点にあった。

バブル崩壊後30年にわたって日本の経済が低迷を続けたのは、新たな価値を生み出すための事業変革をなしえなかった私たち企業経営者の責任である。一方、世界はいま100年に一度の大変革期を迎え、岩崎彌太郎がアントレプレナーとして創業した150年前と同じように、海図なき航海が始まろうとしている。私たちはその中をどう生き抜くのか。

新しい時代を切り拓くのはいつの時代にも無限の力を秘めた若者たちである。しかし、永く続く停滞の中で日本の社会もまた閉塞感に覆われ活力を失っている。そんな中で明日への希望を持ち、自ら考え、行動し、未来を切り拓く次世代の人材を育成することが何にもまして重要なことだと、私たちは考えた。

10代後半の世代に焦点を当てるという構想は、最も多感で柔軟にものごとを吸収し人格を形作っていく時期にもかかわらず、大学受験のための予備校化している高校と、受験に合格した瞬間に目標を失い無為に時間を過ごしがちな大学1、2年の教育への疑問から生まれた。

それをどう変えればよいのかという問いに対する答えを見つけるのは容易でないが、私たちの方法論はシンプルだ。現場重視とフィールドワーク、そしてこの問題に真摯に取り組む多様な人々の力を結集することである。

本文で紹介されている通り事務局長の藤田をはじめ全く教育に関与したことない事務局の面々ができることは、まず徹底的に現場を歩き、実態を把握すること。そして、その過程で得た問題意識と知恵をもとに、白紙から事業を組み上げていくことだった。10年という期間を区切ったことで、現場の声に耳を傾けつつPDCAサイクルを高速回転させ、上手くいかないことがあれば柔軟に変えていくという流儀も生まれた。

しかし、なんといっても大きいのは、準備段階から続く、教育に対する情熱と志を持った多様な人々との出会いである。教育改革という巨大なテーマを前に立ち尽くす私たちを引っ張り、励まし、行動を共にしてくださっている全国各地の高校の先生方や教育事業者の皆さん、高い識見を持ってさまざまな角度から議論を交わす評議員・理事・アドバイザリーボードのメンバーの存在なくしては、この事業は成り立たない。

そして、その先には対象事業に参加している12万人を超える全国の高校生・大学生がいるのだ。そのすべてを結集した時どんなパワーが生まれるのか、ワクワクしないではいられない。

私たちの事業は最初のステージを終えようとしているところで、課題も多く抱えている。しかし、この段階で活動の記録を纏めようと考えたのは、最終章でも指摘されているとおり、本当に教育を変えるためには、一部の先生や教育事業者だけではなく、大学を含む幅広い教育関係者と保護者（実はその多くはビジネス・パーソンでもある）の理解が必要だからである。

悲観からは何も生まれない。よりよい明日を築き次世代に引き継ぐのは、いまを生きる私たちの責務だ。そんな想いで、これからも数多くの仲間とともにこの活動を続けていきたいと考えている。

本書を執筆された崎谷実穂さんには心からの敬意と感謝をささげたい。関係者との対話を繰り返し、イベントに参加し、そうした事実の積み上げからこの事業の実態を捉え、私たちにも多くの気づきを与えてくださった。また、角田顕一朗さんはじめKADOKAWA教育編集部の皆さんには、タイトな日程のなか文字通り全力投球していただいた。この場を借りて御礼申し上げる。

三菱みらい育成財団の助成採択先一覧（2022年9月時点）

▼カテゴリー1

採択年度	組織名	所在地	教育プログラム名	対象者数	助成額
2021	北海道鵡川高等学校	北海道勇払郡	むかわ学プロジェクト	150名	200万円
2022	北照高等学校	北海道小樽市	ふるさとを支える人材を小樽で育てる探究活動	205名	100万円
2022	北海道岩見沢東高等学校	北海道岩見沢市	「潜在能力（Capability ケイパビリティ）を掘り起こす」プログラム～井の中の蛙、大海に飛び出そう!!	400名	200万円
2022	北海道大空高等学校	北海道網走郡	「3つのPをベースとしたPBL」（1年次「問題発見力」2年次「問題解決能力」を育む2年間の教育プログラム）	69名	100万円
2021	岩手県立高田高等学校	岩手県陸前高田市	T × ACTION	276名	200万円
2021	岩手県立盛岡第一高等学校	岩手県盛岡市	「M探」Plus Science and English	840名	200万円
2022	専修大学北上高等学校	岩手県北上市	「SENTAN-専探-」カリキュラム内の探究的な学びと課外での自己深化型学習をつなげるプログラム	515名	200万円
2020	宮城県仙台二華高等学校	宮城県仙台市	北上川／東北地方、メコン川／東南アジアをフィールドとした世界の水問題解決のための取り組み	480名	200万円

2020	宮城県仙台南高等学校	宮城県仙台市	公孫樹プログラム～実践的課題意識、課題解決力の育成～	840名	84.9万円
2020	宮城県宮城第一高等学校	宮城県仙台市	オール宮城で育てる未来を拓くグローバル人材の育成	560名	200万円
2021	宮城県宮城野高等学校	宮城県仙台市	自他の「しあわせ」のための「未来デザイン力」育成プログラム	800名	200万円
2021	宮城県仙台第二高等学校	宮城県仙台市	北陵グローバルゼミ	320名	100万円
2021	宮城県南郷高等学校	宮城県遠田郡	地域支援活動『とどけよう 花と笑顔と 南郷魂』ボランティア活動を通じて地域に貢献し、学び楽しみ続ける生徒を育成するプログラム	74名	100万円
2021	宮城県気仙沼高等学校	宮城県気仙沼市	海を素材とするグローバルリテラシー育成～世界を舞台に活躍するスケールの大きな人材を目指して～	700名	197.7万円
2022	宮城県石巻西高等学校	宮城県東松島市	震災を乗り越え持続可能な未来社会を創造する市民の育成プログラム	477名	190万円
2022	山形県立山形東高等学校	山形県山形市	「山東探究塾」～地域・日本・世界で活躍するグローバルリーダー／困難な課題に立ち向かうイノベーターの育成をめざして～	720名	200万円
2022	山形県立新庄北高等学校	山形県新庄市	LINKネクスト～最上の地で最上の知恵～	300名	153万円
2022	山形県立酒田光陵高等学校	山形県酒田市	特色ある専門学科の実践及び学科を超えた協働による総合力と世代間交流により限界集落離島飛島の課題解決を目指すプログラム	311名	200万円

2020	福島県立葵高等学校	福島県会津若松市	生徒の主体的に生きる力の育成 ～課題探究活動「葵ゼミ」をとおして～	400名	200万円
2021	福島県立磐城高等学校	福島県いわき市	地域トップリーダー育成のための探究プログラム	840名	200万円
2022	学校法人福島成蹊学園 福島成蹊高等学校	福島県福島市	地域に根差した問題を生徒の目線で考える探究活動 ～自分たちの手で採集した微小生物の有効利用を目指して～	50名	100万円
2020	国立高等専門学校機構 小山工業高等専門学校	栃木県小山市	SDGsにアプローチする学年進行探求型STEAM教育を基盤とした未来実装型スーパーリカレント教育プログラム	400名	200万円
2020	栃木県立宇都宮高等学校	栃木県宇都宮市	課題研究Ⅰ・課題研究Ⅱ	560名	95.9万円
2021	栃木県立佐野高等学校	栃木県佐野市	Sanoグローカル構想　田中正造型グローカルリーダーの育成	480名	198.5万円
2021	栃木県立足利清風高等学校	栃木県足利市	『学び楽しむ』～内から外へ 自ら超える〝挑戦と自律〟～	196名	100万円
2021	栃木県立 宇都宮女子高等学校	栃木県宇都宮市	キャリア形成に資する探究活動	560名	200万円
2022	栃木県立日光明峰高等学校	栃木県日光市	「日光学NEXT」～世界遺産と国立公園が私たちの学び場です～	53名	100万円
2020	群馬県立館林女子高等学校 ※1	群馬県館林市	館女の女性学 ～女性の生き方探究～	（600名）	（200万円）

※1　20／21年度のみ（掲載データは21年度）

2020	高崎市立 高崎経済大学附属高等学校	群馬県高崎市	TSUBASAプロジェクト ～高崎市と世界をつなぎ、地域に貢献できる人材の育成～	840名	200万円
2020	群馬県立高崎女子高等学校	群馬県高崎市	「総合的な探究の時間」における、 自己を見つめ、主体的・自律的に取り組む課題研究	560名	200万円
2022	群馬県立大間々高等学校	群馬県みどり市	SDGsみらい探究 ～地域、社会の課題解決に向けて主体的に取り組み、 貢献できる生徒の育成～	351名	156・1万円
2020	筑波大学附属坂戸高等学校	埼玉県坂戸市	高校生Social Change Student養成プログラム ～自分の学びをデザインしつづける力の育成を目指して～	100名	100・5万円
2020	埼玉県立浦和高等学校	埼玉県さいたま市	浦和高校「総合的な探究の時間」	1080名	200万円
2021	埼玉県立 浦和第一女子高等学校	埼玉県さいたま市	未来のための「女性学」探究プロジェクト ～To the next stage of our project based learning～	1078名	200万円
2020	東京都立五日市高等学校	東京都あきる野市	課題解決力の高い地域人を育成する「五日市メソッド」	480名	100万円
2020	東京都立大泉高等学校	東京都練馬区	Quest & Creativity ―創造の泉を見つける―	320名	200万円
2020	筑波大学附属高等学校	東京都文京区	筑波スタディ～「伝統」と「連携」がひらく、社会へむかう探究の扉～	480名	200万円
2020	東京都立成瀬高等学校	東京都町田市	成瀬BB！プロジェクト	840名	200万円

２０２０	東京都立八王子東高等学校	東京都八王子市	世界と地域の協働により課題解決に挑む力の育成	６４０名	２００万円
２０２０	東京都立本所高等学校	東京都墨田区	「本所の探究 ～２０３０年を見据えた挑戦～」ＳＤＧｓを視野に入れ、自分の興味関心のあることを探究していくプロセスを通して、自ら考え行動し、自己の生き方在り方を見つめ、より良く社会を生き抜く力を育てる探究学習	４８０名	２００万円
２０２０	東京都立三田高等学校	東京都港区	「知的探究イノベーター推進事業」	５６０名	１９６万円
２０２０	私立武蔵高等学校中学校	東京都練馬区	総合的な探究の時間を利用した「自調自考のエンジン」を身に付けさせる多様なコース制による課題解決型学習	１００名	１５０万円
２０２０	東京都立両国高等学校	東京都墨田区	Bridge～世界に橋を架ける～	３２０名	２００万円
２０２２	東京都立竹早高等学校	東京都文京区	竹早の探究 ～All Different, All Wonderful	５２０名	２００万円
２０２２	新渡戸文化高等学校	東京都中野区	心が震えた想いをプロジェクトにするために～クロスカリキュラムで生徒の心に火をともす「SDGs de 未来構想」の教材開発～	９９名	１００万円
２０２２	成蹊高等学校	東京都武蔵野市	新たな価値を創造する先駆的挑戦～成蹊スタートアッププロジェクト　SEIKEI STARTUP Project～	３４０名	１００万円
２０２２	東京都立 南多摩中等教育学校	東京都八王子市	合言葉はCross the border、自分の枠を越える探究学習～多様な学びによる質の高い探究学習を通じて、生徒のキャリア形成を図る～	９６０名	１９７.９万円
２０２１	千葉県立千葉東高等学校	千葉県千葉市	「東雲（しののめ）探Ｑプラン」による、幅広い視野をもつ自立的探究者の育成	６４０名	１３０万円

2021	千葉県立佐倉高等学校	千葉県佐倉市	未来の種を蒔く SAKURA PROJECT	840名	200万円
2020	神奈川県立 横浜緑ケ丘高等学校	神奈川県横浜市	MIDORI RESEARCH PROJECT	840名	196万円
2020	神奈川県立光陵高等学校	神奈川県横浜市	「心やさしき社会のリーダー」へ、光陵の伝統とSDGsのミックスアップ！	640名	200万円
2021	横浜市立東高等学校	神奈川県横浜市	SDGs未来都市横浜発　グローカルリーダーの育成 ～課題発見力・課題解決力を身につけて未来を切り拓く～	840名	200万円
2022	自修館中等教育学校	神奈川県伊勢原市	C-AIR（シー・エア）プログラム	192名	200万円
2022	新潟県立新津高等学校	新潟県新潟市	ClimbUp プランー「繋ぐ・拓く・創る」人になるためにー	480名	200万円
2021	富山県立入善高等学校	富山県下新川郡	NTS（入善ツーリズムスタディ） ～参与観察的フィールドワークによる 地域とともに考えるコミュニティ創造者の育成～	76名	100万円
2022	富山県立高岡南高等学校	富山県高岡市	「SOUTH探究プロジェクト～Beyond Yourself」…大学・地域と連携し、探究力の育成を通して、生徒が本気で学びたいという意欲を涵養し、大学での学びにつなげる	315名	200万円
2021	石川県立輪島高等学校	石川県輪島市	「WAJI活」半島の最先端から世界の最先端へ ①自律的・主体的に問題解決できる力 ②創造に対し挑戦し、未来を切り拓く力を身に付けるプログラム	224名	100万円
2022	石川県立金沢錦丘高等学校	石川県金沢市	「なりたい自分」への挑戦 ～探究で育む自己肯定感とキャリアデザイン力	640名	200万円

2020	国立高等専門学校機構 福井工業高等専門学校	福井県鯖江市	創造プロジェクト教育による 研究者・エンジニアへのステップフォワード	600名	200万円
2021	福井県立大野高等学校	福井県大野市	持続可能なコミュニティ「D-Kompas」の構築 ～オール大野による学校サポート体制を確立し、 生徒の主体的学びを支援～	369名	200万円
2021	福井県立羽水高等学校	福井県福井市	地域に提案！	870名	200万円
2021	山梨県立甲府西高等学校	山梨県甲府市	IBの手法を基礎とした、「総合的な探究の時間」における 課題研究論文の作成	620名	200万円
2020	長野市立長野高等学校	長野県長野市	Will から始まる探究の土壌づくり ～長野市立長野高校の実践から広がる文化の醸成～	320名	200万円
2020	長野県上伊那農業高等学校	長野県上伊那郡	チャレンジ「MIRAINA カンパニー」プロジェクト	38名	77万円
2021	長野県松本県ケ丘高等学校	長野県松本市	信州学からグローバル課題へ・探究を実践し続ける縣陵人を育てる Kenryo Researchers Program	970名	199・4万円
2021	岐阜県立斐太高等学校	岐阜県高山市	斐高生が結ぶ地域と世界！ ～地域で考え世界とつながる、地域振興プロジェクト！～	480名	100万円
2021	岐阜県立岐阜高等学校	岐阜県岐阜市	百折不撓・自彊不息の精神で目指せ！ グローバルリーダー ～岐高型探究活動プログラムにより〝清流の国ぎふ〟から 世界への飛翔する若者の育成～	720名	200万円
2022	静岡県立富士高等学校	静岡県富士市	富士高型探究プログラム「心見考」（心でものごとを考え見極める）の 更なる深化を目指して～県境をこえた教育連携の可能性～	853名	200万円

2020	愛知県立大府特別支援学校 ※2	愛知県大府市	同時双方向通信を用いた高校生支援 ～テレワークによる進路開拓・就労への挑戦、病気療養生徒の単位取得のための支援～	（30名）	（100万円）
2020	名古屋大学教育学部附属中・高等学校	愛知県名古屋市	「ハイブリッド」文理融合教育プログラム ～知りたい・やりたい・成し遂げたい～	360名	200万円
2022	愛知教育大学附属高等学校	愛知県刈谷市	愛教大SEHプロジェクト ～人生を切り拓く探究力の育成を目指した探究活動「附高ゼミ」の実施～	320名	200万円
2021	三重県立神戸高等学校	三重県鈴鹿市	地域の未来を考え提案する探究活動「鈴鹿学」	600名	198万円
2021	三重県立津西高等学校	三重県津市	夢を叶え、未来を紡ぐ「津西！ 探究 Education」 ～学校全体で取り組む「探究学習」～	640名	200万円
2020	京都府立鳥羽高等学校	京都府京都市	「なぜ？」を問い、社会と関わる、 社会に飛び出すグローバル・リーダーの育成	560名	171.5万円
2020	京都府立海洋高等学校	京都府宮津市	高校生レストランによる「海業」後継者育成	29名	100万円
2020	京都府立城南菱創高等学校	京都府宇治市	菱創プロジェクト	480名	200万円
2020	京都府立桂高等学校	京都府京都市	段階的・総合的なKRPメソッドによる生涯にわたる探究者の育成	720名	100万円
2020	京都府立園部高等学校	京都府南丹市	SONOBE Global Research Program	255名	200万円

※2　20年度のみ（掲載データは20年度）

2020	京都府立丹後緑風高等学校久美浜学舎	京都府京丹後市	「丹後知新」 ～〝今〟、紡ぐみらい～	100名	100万円
2020	京都市立日吉ヶ丘高等学校	京都府京都市	「世界をつなぐ越境者」育成プログラム ～生徒も先生も世界に踏み出そう～	480名	200万円
2021	京都市立堀川高等学校	京都府京都市	「よって、」と書けばいいわけじゃない。 ～論理的言語能力と将来の学びに向かう心に火をつける～	480名	150万円
2021	京都市立西京高等学校	京都府京都市	京都発！ 未来の教室がある学校をめざして ―グローバルリーダーシップの育成をめざしフィールドワークを軸とした探究プログラムの構築―	560名	200万円
2021	京都府立嵯峨野高等学校	京都府京都市	コロナ禍でも可能な国際交流 ～国際交流を通しての探究活動の活性化～	720名	180万円
2022	立命館宇治中学校・高等学校	京都府宇治市	日本×IBが作る世界水準の探究プログラムで令和の教育を創る ～探究で学校内外をつなぎ、ネットワークの力で生徒も教員も育つ～	1250名	200万円
2022	京都府立向陽高等学校	京都府向日市	「Third Place, MUKO プログラム ～竹の都・向日市を第三の場所に～」	400名	100.2万円
2020	大阪府立岸和田高等学校	大阪府岸和田市	知の三現改革プログラム	640名	200万円
2020	大阪府立北野高等学校	大阪府大阪市	六稜 Task Project（学術研究の基礎としての課題研究）	320名	200万円
2020	大阪府立茨木高等学校	大阪府茨木市	IBARAMA ～「自主自律の精神」に基づき、 「高い志」と「枠を超える知性」を育む～	680名	200万円

2020	大阪府立生野高等学校	大阪府松原市	「ハングリーに学ぶ生徒」を育てるための、文系探究学習の指導と評価	520名	200万円
2020	大阪府立大阪ビジネスフロンティア高等学校	大阪府大阪市	小高連携プロジェクト ～子どもお店バトル～　～カンボジアの子どもたちの夢を叶える一歩～	800名	100万円
2021	大阪府立 水都国際中学校・高等学校	大阪府大阪市	世界も地域も私も変わる "Suito Action Project for SDGs"	320名	200万円
2021	大阪府立豊中高等学校	大阪府豊中市	豊高型課題研究、〝響学〟プログラム ～「ホンモノ」にふれ、「ココロ」を響かせ、真に学ぶ～	497名	126・1万円
2021	大阪府立住吉高等学校	大阪府大阪市	「SUKI」を極めるプロジェクト SUKI-PRO～あなたの「SUKI」が世界を変える	560名	200万円
2022	大阪府立淀商業高等学校	大阪府大阪市	Road to EXPO 2025 〝アントレプレナーチャレンジ〟 地域を守れ！「淀翔モール」防災イベントプロジェクト	508名	200万円
2022	大阪教育大学附属高等学校 池田校舎	大阪府池田市	未来の科学者を育成する「IKEFU KIZUNA PROGRAM」	320名	200万円
2022	大阪府立千里高等学校	大阪府吹田市	「国際科学高校」のグローバル・シチズンシップ教育プログラム ～〈ひと×探究×国際性〉ひととの出会いを通して将来ビジョンを描き、世界に貢献する意欲と力を蓄える～	440名	200万円
2022	大阪府立布施工科高等学校	大阪府東大阪市	創る技術・造る技能と共に創造力を育てる 「価値創造型共育」プログラム	147名	100万円
2020	国立高等専門学校機構 明石工業高等専門学校	兵庫県明石市	3学年4学科横断型　工学実装教育プログラム	515名	200万円

2021	兵庫県立御影高等学校	兵庫県神戸市	伸ばせ！「みかげ力」 ～外部連携を活かした生涯学び続ける生徒を育てる探究活動～	626名	200万円
2021	兵庫県立長田高等学校	兵庫県神戸市	「一芸一才」を活かして「安全な未来都市づくり」を担う 「アーバンクリエイター」育成方策の開発	960名	200万円
2021	神戸市立神港橘高等学校	兵庫県神戸市	多層的探究過程と学びの土壌で実現する地域協働探究 ～正解(こたえ)のない課題(とい)に挑み続ける「地域の人財(たから)」～	960名	200万円
2022	神戸市立葺合高等学校	兵庫県神戸市	Be a Glocal Citizen! 探究から実践へ ～地域・世界に貢献する人材の育成を目指す～	800名	200万円
2022	兵庫県立長田商業高等学校	兵庫県神戸市	高校生が株式会社「NAGAZON」を設立し、会社経営を行う！	74名	100万円
2022	親和女子高等学校	兵庫県神戸市	未来学プロジェクト ～「私のミライ」と「未来のワタシ」の交差点～	370名	200万円
2022	奈良県立畝傍高等学校	奈良県橿原市	生徒の探究心を高めるプログラム ～「本物」との出会いの創出とSTEAM教育を通して～	741名	150万円
2021	和歌山県立箕島高等学校	和歌山県有田市	地球市民プロジェクト ～みらいを変えるきっかけを～	160名	100万円
2022	和歌山信愛中学校高等学校	和歌山県和歌山市	「和歌山発！ 地域の未来を拓く鍵となる『Key Girl』育成プログラム」	640名	146.4万円
2021	鳥取県立鳥取西高等学校	鳥取県鳥取市	鳥取県、ラオスにおける水問題をテーマとする文理融合型探究学習	562名	200万円

2021	島根県立松江農林高等学校	島根県松江市	ご縁コンソーシアムから生まれる地域の人材育成 ～高校生と地域の協働による地域課題解決型学習の深化を目指して～	448名	200万円
2022	島根県立松江東高等学校	島根県松江市	地域共創人育成 Project　アドバンスト ～子どもも育つ　大人も育つ　地域共創の拠点づくり～	364名	200万円
2021	岡山学芸館高等学校	岡山県岡山市	これからの社会を創造するグローカルリーダーシップの育成 ～社会課題の解決に正面から立ち向かうユース層の育成を目指して～	940名	200万円
2022	岡山県立倉敷鷲羽高等学校	岡山県倉敷市	「You Make 鷲羽！プロジェクト」	436名	200万円
2020	国立高等専門学校機構 呉工業高等専門学校	広島県呉市	インキュベーション教育プログラム	508名	200万円
2021	広島市立舟入高等学校	広島県広島市	広島、日本、世界へ届け！舟入の「問い」！ ～「問い」から始まり、「問い」で終わる舟入の「問い」立て探究～	320名	100万円
2022	広島県立広島井口高等学校	広島県広島市	ACT-i「デザイン思考」で世界を創造する。	600名	200万円
2022	広島県立呉三津田高等学校	広島県呉市	〝探究とは何か〟を問える探究者 ―社会に根付くラーニング・プログラムを目指して	186名	100万円
2022	広島県立廿日市高等学校	広島県廿日市市	総合的な探究の時間『桜尾ゼミ』から『SACURA』へ ～「楽しい」を求めて、進化・深化するカリキュラム～	280名	100万円
2021	山口県立防府高等学校 佐波分校	山口県山口市	徳地コンソーシアム	200名	100万円

2020	徳島県立池田高等学校	徳島県三好市	対話による阿波池田シビックプライド探究プロジェクト	483名	200万円
2020	国立高等専門学校機構 阿南工業高等専門学校	徳島県阿南市	電気技術イノベーション実習	142名	100万円
2021	徳島県立 城ノ内中等教育学校	徳島県徳島市	エシカルの窓から世界へ ～新しい価値を創造する～	465名	200万円
2022	徳島県立 城西高等学校神山校	徳島県名西郡	循環型農業の実践を通した探究型学習プログラム	90名	100万円
2021	香川県立三木高等学校	香川県木田郡	SDGsを軸に、授業に地域と連携した体験活動を取り入れ、3年間での生徒育成を考えた学校改革プロジェクト	450名	200万円
2021	香川県立高松西高等学校	香川県高松市	西高発 COOL JAPAN!	560名	200万円
2022	香川県立高松高等学校	香川県高松市	杉原千畝・幸子氏から広がる人道の輪 ～高校生同士の交流が世界へと繋がる～	700名	200万円
2022	香川県立津田高等学校	香川県さぬき市	私たちの町は私たちが創る ～産官学連携 住む町創造プロジェクト～	182名	200万円
2021	愛媛県立今治北高等学校 大三島分校	愛媛県今治市	大三島の地域文化遺産「大見神楽」の復活・伝承プロジェクト	85名	100万円
2021	愛媛県立南宇和高等学校	愛媛県南宇和郡	愛南未来づくりプロジェクト ～地域による、地域のための、地域の学校を目指して～	280名	180.8万円

2022	愛媛県立松山東高等学校	愛媛県松山市	東高　がんばっていきましょい　―グローカルな学びの継承―	720名	200万円
2022	愛媛県立川之江高等学校	愛媛県四国中央市	“Catch The Dream” ～夢へとつながる探究的な学び～	353名	200万円
2021	高知県立山田高等学校	高知県香美市	よってたかって山高「探究」プログラム	330名	200万円
2020	福岡県立小倉高等学校	福岡県北九州市	倉高 ONLY ONE 計画	560名	200万円
2020	福岡県立修猷館高等学校	福岡県福岡市	Sure You Can プロジェクト	840名	200万円
2021	福岡県立春日高等学校	福岡県春日市	春日から Hasshin（発信×発進）プロジェクト ～グローバル&グローカル人財の育成～	840名	200万円
2022	福岡県立ひびき高等学校	福岡県北九州市	『考エル　自分をカエル　未来をカエル』（カエルプロジェクト） ～探究的な学びを通したグローカル人材の育成～	700名	200万円
2021	佐賀県立佐賀農業高等学校	佐賀県杵島郡	農業高校の専門性を活かしたグローカル・リーダーの育成 ～持続可能な地域農業の実現に向けて～	236名	200万円
2022	佐賀県立佐賀商業高等学校	佐賀県佐賀市	本物を知り、伝統を守り、社会に貢献する商業人を育てる ～生徒と企業、地域人材をつなぎ、学びを深める体験型プロジェクト～	480名	200万円
2020	長崎県立諫早高等学校	長崎県諫早市	「自立し未来を創造する人材育成」諫早から世界へ、世界から諫早へ	835名	200万円

2020	長崎県立長崎東高等学校	長崎県長崎市	「ともによき世を創る」~世界の平和と共生を目指し、協働・共創でイノベーションを~	840名	200万円
2020	国立高等専門学校機構 佐世保工業高等専門学校	長崎県佐世保市	国際的地域性を活かした英語の壁を乗り越える 早期グローバルマインド育成プログラム	480名	200万円
2020	長崎県立佐世保西高等学校	長崎県佐世保市	佐世保西校ふるさと創生大作戦 ~佐世保と世界と未来を結ぶイノベーティブ人財育成~	712名	120万円
2021	長崎県立上五島高等学校	長崎県南松浦郡	進取（総合的な探究の時間）「若者が島の未来をつくる ~島の魅力を島外へ、島の未来を私たちで~」	140名	188万円
2020	国立高等専門学校機構 熊本高等専門学校 熊本キャンパス	熊本県合志市	高専生の探究学習サイクルを起動する 社会的課題解決型教育プログラム	150名	96万円
2020	国立高等専門学校機構 熊本高等専門学校 八代キャンパス	熊本県八代市	新たな社会を創造する人材育成のためのリベラルアーツ教育プログラム ~生き方、学び方の設計と実践を促進する教育の構築と実践~	390名	145.1万円
2021	熊本県立水俣高等学校	熊本県水俣市	水俣と世界を「いのち」でつなぐ みなまたMOYAIST（モヤイスト）の養成 ~「発信」から「つなぐ」へ~	395名	200万円
2021	熊本県立熊本高等学校	熊本県熊本市	ワクワクロスリアリティフォーラム（WXRフォーラム）	1200名	200万円
2021	大分県立 大分上野丘高等学校	大分県大分市	SGS未来創生「大空プロジェクト」	640名	200万円
2021	宮崎県立宮崎東高等学校 定時制夜間部	宮崎県宮崎市	生徒が生きがいを感じるための探究活動	70名	100万円

2021	宮崎県立都城西高等学校	宮崎県都城市	都城西高校を拠点とした地域総ぐるみの次世代リーダーの育成	400名	200万円
2022	宮崎県立宮崎南高等学校	宮崎県宮崎市	産学官連携による都市型コミュニティ・スクールを目指して ～地域の次世代リーダーとして、地域に根差し、貢献できる人材の育成に資する産学官連携による人の地域循環教育～	1061名	199.8万円
2021	鹿児島県立 沖永良部高等学校	鹿児島県大島郡	「沖高みらい探究プロジェクト」 ～平和で持続可能な島づくりのために～	163名	100万円
2022	鹿児島県立屋久島高等学校	鹿児島県熊毛郡	探究活動を主体とした「屋久高（YAKKO）プロジェクト」 ～地域愛を育み、自己肯定感を高める取組～	150名	168万円
2022	鹿児島県立大島高等学校	鹿児島県奄美市	奄美から日本へ、奄美から世界へ ～奄美の高校生による課題研究発表会～	400名	200万円
2022	鹿児島県立福山高等学校	鹿児島県霧島市	現代版郷中教育による未来の人材育成プロジェクト ～地域で活躍できるクリエーター・イノベーターの育成をめざして～	200名	200万円

▼カテゴリー2

※組織名五十音順

2020	一般社団法人 i.club	東京都文京区	innovation GO　～全国各地とつながり、未来をつくる、オンライン探究プログラム～	100名	850万円
2022	株式会社あしたの寺子屋	北海道札幌市	地域の新たなイベントづくりに向けた伴走型教育プログラム ～コロナに打ち勝つ「理想のイベント」をつくろう！～	100名	875万円
2020	NPO法人 アスクネット	愛知県名古屋市	SPIRAL（Social Platform with Innovation, Relationship, Activation and Learning）	150名	800万円

2022	一般社団法人 アンカー	東京都中央区	大学生による中高生のためのSDGs／サスティナビリティアワード (Sustainability Award for Students by Students: #SASS2022)	1000名	729・2万円
2020	一般社団法人 ELAB	東京都港区	「未来を描くプログラム」～未来を創り出す力を育むアートによる学びのプログラム～	760名	650万円
2022	一般社団法人 ウィルドア	神奈川県川崎市	課外にある学びの資源を〝選択・活用する力〟を育み、実行するための〝つながり〟を届けるプログラム「willdoor」	1200名	758万円
2022	株式会社 a.school	東京都文京区	プロや大学生、仲間と共に、好きを徹底的に探究！『01ゼミ』	200名	770万円
2020	NPO法人 エティック	東京都渋谷区	ワンダリングチャレンジ～3人1組で挑み、競う、ゲーミフィケーション型探究学習～	3000名	550万円
2020	認定NPO法人 カタリバ	東京都杉並区	全国高校生 MY PROJECT AWARD—オンライン Summit	1500名	660万円
2022	認定NPO法人 カタリバ	東京都杉並区	教育リソースの共有と連携を通した個別最適化によって、小規模校の教育価値を最大化する「COLLABO ハイスクール・ネットワーク構想」	250名	632・7万円
2021	学校法人 金沢工業大学	石川県野々市市	学都圏〝いしかわ〟創成～ラーニングストラテジーを学ぶPBLコンペティション～	56名	638・9万円
2021	一般社団法人 Kizuna Across Cultures	東京都豊島区	オンライン国際協働学習プログラム Global Classmates Plus（グローバル・クラスメート・プラス）	400名	631万円
2021	株式会社 教育と探求社	東京都千代田区	探究活動を実践に移し、社会実装する部活動プロジェクト MIRAIB.（ミライブ）	500名	681・8万円

2022	株式会社 教育と探求社	東京都千代田区	「問い」で授業と出会い直す Question X	1000名	843万円
2020	認定NPO法人 金融知力普及協会	東京都中央区	リアビズ Real Business ～高校生模擬起業グランプリ～	80名	800万円
2020	認定NPO法人 グローカル人材 開発センター	京都府京都市	Glocal Shift Programme ～君が世界を変える、君の世界を変える～	40名	789万円
2022	一般社団法人 高校生みらいラボ	神奈川県足柄下郡	大自然溢れる空間で、人と繋がり、自らの問いにひたすら向き合い 暮らす、次世代型探究プログラム“Co-living Camp”	300名	485万円
2021	公益財団法人 国際高等研究所	京都府木津川市	IIAS 塾ジュニアセミナー「独立自尊の志」養成プログラム	60名	628万円
2022	一般社団法人 KOTOWARI	福島県大沼郡	KOTOWARI	200名	501・9万円
2020	国立大学法人 滋賀大学	滋賀県彦根市	英国で開発された子ども向けマインドフルネス・プログラム “.b：ドットビー”の日本への導入	300名	300万円
2022	特定非営利活動法人 じぶん未来クラブ	東京都千代田区	やってみよう、が未来をつくる 自分探求「Yes, And!」プロジェクト	60名	835万円
2021	認定特定非営利活動法人 育て上げネット	東京都立川市	若者の孤立無業化予防のためのキャリア教育プログラム Life Connection ライフコネクション	3000名	849万円
2021	一般財団法人 地域・教育魅力化プラット フォーム	島根県松江市	未来の地域・社会の牽引するグローカルリーダー探究実践プログラム	30名	669・4万円

2020	認定NPO法人日本ファンドレイジング協会	東京都港区	高校生の社会貢献チャレンジに実行力をつける大人との協働機会の創出	2000名	600万円
2022	一般社団法人 フリンジシアターアソシエーション	京都府京都市	「演劇で学ぼう」表現する⇅受け止める循環をつくる、アートプログラム	550名	654.4万円
2022	株式会社ミエタ	東京都千代田区	学校間で切磋琢磨しながら『社会実装』に挑戦する長期ゼミナール	240名	900万円
2021	一般社団法人未来キッズコンテンツ総合研究所	東京都港区	競技会形式で最新のAI/ICT関連技術を競う「シンギュラリティバトルクエスト」	1000名	800万円
2020	読売新聞東京本社教育ネットワーク事務局	東京都千代田区	高校生向け医療体験プログラム	40名	621万円
2021	株式会社rokuyou	沖縄県中頭郡	地域企業と肝心(ちむぐくる)育む 公立高校むけPBLプログラム	1400名	527万円
2021	国立大学法人 和歌山大学	和歌山県和歌山市	宇宙甲子園	1000名	755万円

▼カテゴリー3

※組織名五十音順

2020	一般社団法人inochi 未来プロジェクト	大阪府大阪市	inochi Gakusei Innovator's Program	300名	1000万円
2020	国立大学法人 大阪大学	大阪府吹田市	大阪大学の教育研究力を活かしたSEEDSプログラム~未来を導く傑出した人材発掘と早期育成~	150名	1800万円

2020	加速キッチン合同会社 (旧 探Q (東北大学))	宮城県仙台市	中高大・研究所による宇宙線観測活動コンソーシアム	150名	540万円
2022	国立大学法人 金沢大学	石川県金沢市	未来成長分野開拓型再創業（Re-Startup）アントレプレナー教育プログラム	65名	794万円
2022	国立大学法人 東海国立大学機構 岐阜大学 高等研究院	岐阜県岐阜市	岐阜大学 アントレプレナー育成プログラム ～野心よ集え～	100名	1600万円
2022	国立大学法人 京都大学	京都府京都市	京都大学異能プログラム	120名	1800万円
2020	国立大学法人 筑波大学	茨城県つくば市	未来を切り拓くフロントランナー育成プログラム・筑波大学 GFEST (Global Front-runner in Engineering, Science & Technology)	40名	1726万円
2022	国立大学法人 東京大学 生産技術研究所	東京都目黒区	インクルーシブな未来社会をデザインする東京大学STEAM型創造性教育プログラム	100名	1800万円
2021	国立大学法人 東北大学	宮城県仙台市	東北から世界へ みらい型「科学者の卵養成講座」 ～集え、異能な高校生よ。創れ、未来の理想社会を～	100名	1970万円
2022	国立大学法人 東北大学	宮城県仙台市	～未来を大胆に切り拓く三綱領～未来創造・価値工房・異能発掘アントレ人材育成プログラム	300名	2000万円
2020	国立大学法人 東海国立大学機構 名古屋大学	愛知県名古屋市	名大みらい育成プロジェクト：国際環境で地球規模の問題に挑戦する	100名	2000万円
2021	認定NPO法人 very50	東京都豊島区	社会起業で世界を変える実践型アントレプレナーシッププログラム 「EGG：Entrepreneurship in the Global Ground」	100名	870万円

2021	国立大学法人 山形大学	山形県山形市	山形大学発IT人材育成～シリコンバレー版スーパーエンジニアプログラミングスクール～	240名	1226.1万円
2022	学校法人 早稲田大学	東京都新宿区	W-EDGE ユース・イノベーター（WEYI）育成プログラム	100名	1800万円

▼カテゴリー4

※組織名五十音順

2021	愛知県公立大学法人 愛知県立大学	愛知県長久手市	愛県大教養教育新カリキュラム：「県大世界あいち学」の始動	710名	736.1万円
2022	一般社団法人 アートをコアとしたコミュニケーションデザイン大学コンソーシアム	京都府京都市	グローバル・エシカル教育のための、創作アートを応用したアクティブ・ラーニング・プログラムの開発と実践	120名	120万円
2021	国立大学法人 大阪大学	大阪府吹田市	「対話」で開く「学問への扉」～少人数セミナー型初年次導入科目の挑戦～	3400名	800万円
2022	国立大学法人 岡山大学	岡山県岡山市	地域の未来デザイン～社会共創と分野横断型学習で現代社会課題に挑む「恩送り」の探究プログラム～	150名	136万円
2022	国立大学法人岡山大学大学院 教育学研究科 国吉康雄記念・美術教育研究と地域創生講座	岡山県岡山市	テーブル・ロール・プレイング・ゲームを通して学ぶ物語の作法？アナログゲームシステムで養う「思考する力・対話する力・他者と協働する力」	240名	221.3万円
2021	関西学院大学 ハンズオン・ラーニングセンター	兵庫県西宮市	多拠点型の高等教育OSプログラム～ハンズオン・ラーニング・プログラムの構築～	940名	300万円
2021	神田外語大学	千葉県千葉市	グローバル・チャレンジ・ターム	60名	200万円

2022	京都光華女子大学	京都府京都市	実践知を育てる ―今とこれからを豊かに、確かに生きる人間力の形成プログラム―	497名	422・9万円
2021	上智大学	東京都千代田区	「基盤教育センター」構想 ―全学共通科目の見直しによる新しい教養教育の実践	3000名	450万円
2021	清泉女子大学	東京都品川区	「グローバル・シティズンのための101のコンセプト」 ~VUCA時代におけるアクティブ地球市民育成プログラム~	60名	60万円
2021	国立大学法人 筑波大学 社会・国際学群	茨城県つくば市	TSUKUBA 社会国際学初年次チュートリアルプログラム TSUKUBA Tutorial Freshman Program in Social and International Studies (T-FEP)	120名	120万円
2021	国立大学法人 東北大学	宮城県仙台市	挑創カレッジと学問論でつむぐ　分野横断型リベラルアーツプログラム	2400名	725・2万円
2022	公立大学法人 新潟県立大学	新潟県新潟市	調べ、学び、考え、新潟を救え！ ~データに基づく公共政策と自治の実践をオープン・コース・ウェアに~	150名	150万円
2021	国立大学法人 新潟大学	新潟県新潟市	新潟大学ダブルホーム~地域と共に創る「新たなふるさと」~	460名	305万円
2022	法政大学	東京都千代田区	STARTプログラム (SDGs Target Active learning Revolutionary Trial Program)	200名	238万円
2021	立命館大学	京都府京都市	学びのコミュニティ・オーガナイジングによる未来共創プログラム ~自由に生きるための知性を磨く~	500名	500万円
2022	早稲田大学 スポーツ科学学術院	東京都新宿区	専門領域と融合したアカデミックスキルズ教育 ―「共有し、考え、伝え、発信する」	800名	296万円

▼カテゴリー5

2021	国立大学法人 東京学芸大学	東京都小金井市	高等学校における授業及び教師教育モデルの開発・普及プロジェクト	10000名	4000万円
2021	株式会社 a.school	東京都文京区	探究学習ファシリテーター講座「探究 PLAYers!」	100名	850万円
2021	一般社団法人 ティーチャーズ・ イニシアティブ	東京都千代田区	「主体的・協働的な学び」を実践する教員養成のための指導主事（教員）研修	24名	973・4万円
2022	一般社団法人ELAB	東京都港区	主体的・協働的学習を推進するための 「創造的コミュニケーション力」開発講座	150名	740万円
2022	国立大学法人 島根大学 教育学部	島根県松江市	地域教育魅力化コーディネート人材育成プログラム	60名	999・3万円

本書の制作にご協力くださった方々

※ご所属・お肩書は、本書のための取材時点（2022年8月〜2023年2月）のものです。

取材にご協力くださった方　※順不同

安西祐一郎（公益財団法人東京財団政策研究所 所長、独立行政法人日本学術振興会 顧問、元 慶應義塾長）
田中優子（法政大学 名誉教授、前 法政大学総長）
永野毅（東京海上ホールディングス株式会社 取締役会長）
坂東眞理子（昭和女子大学 理事長・総長）
鈴木寛（東京大学 教授、慶應義塾大学 教授）
宮本久也（東京都立八王子東高校 統括校長）
杉山剛士（武蔵高校中学校 校長）
鵜尾雅隆（認定NPO法人日本ファンドレイジング協会 代表理事）
黒田玲子（東京大学 名誉教授）
吉田文（早稲田大学教育・総合科学学術院 教授）
宮崎県立宮崎東高校定時制夜間部

埼玉県立浦和高校
福島県立葵高校
徳島県立池田高校
株式会社rokuyou
一般社団法人ウィルドア
認定NPO法人日本ファンドレイジング協会
国立大学法人大阪大学
国立大学法人東北大学
神田外語大学
国立大学法人東京学芸大学
株式会社教育と探求社
NPO法人青春基地
三菱UFJリサーチ&コンサルティング株式会社
児美川孝一郎（法政大学キャリアデザイン学部 教授）
赤堀侃司（東京工業大学 名誉教授）
認定NPO法人カタリバ

大島まり（東京大学大学院情報学環 生産技術研究所 教授）
和歌山県立箕島高校
認定NPO法人金融知力普及協会
東京都立両国高校
国立大学法人山形大学
岡山学芸館高校
兵庫県立御影高校
一般社団法人ティーチャーズ・イニシアティブ

※ここに記載の方々以外にも、多数の方にご協力いただきました。改めて御礼申し上げます。

執筆協力　村上杏菜、谷和美、林加愛、菱田秀則
編集協力　山本櫻子、城戸千奈津
カバーデザイン　小口翔平+畑中茜（tobufune）
図版作成　江村隆児（エムラデザイン事務所）
交流会の写真撮影　奥西淳二
章扉の英文校閲　Brooke Lathram-Abe
校正　株式会社鷗来堂
組版　株式会社フォレスト

構成・執筆　崎《さき》谷《や》実《み》穂《ほ》

フリーランスライター。人材系企業の制作部で求人広告等のコピーライティングを経験した後、広告制作会社に転職。新聞の記事広告の仕事を専属で担当し、100名以上の著名人に取材。独立後はビジネス系の記事、書籍の執筆・編集を中心に活動。著書に『ネットの高校、はじめました。新設校「N高」の教育革命』（KADOKAWA）、共著に『混ぜる教育 80カ国の学生が学ぶ立命館アジア太平洋大学APUの秘密』（日経BP）などがある。

取材協力　一般財団法人《いっぱんざいだんほうじん》 三菱《みつびし》みらい育成財団《いくせいざいだん》

三菱創業150周年を記念して設立された教育財団。未来を担う若者の育成を目指す教育活動への助成と、活動成果を高めるための支援・ネットワークづくりや情報発信を行い、その成果を広く社会に波及させるための活動を行っている。

教育《きょういく》が変《か》われば、社会《しゃかい》が変《か》わる

三菱《みつびし》グループの教育財団《きょういくざいだん》が本気《ほんき》で教育《きょういく》に取《と》り組《く》んで見《み》えてきたこと

2023年3月30日 初版発行
2023年6月10日 再版発行

構成・執筆　崎《さき》谷《や》実《み》穂《ほ》

取材協力　一般財団法人《いっぱんざいだんほうじん》 三菱《みつびし》みらい育成財団《いくせいざいだん》

発行者　山下直久

発行　株式会社KADOKAWA
〒102-8177
東京都千代田区富士見2-13-3
電話 0570-002-301（ナビダイヤル）

印刷所　株式会社暁印刷

●お問い合わせ
https://www.kadokawa.co.jp/（「お問い合わせ」へお進みください）
※内容によっては、お答えできない場合があります。
※サポートは日本国内のみとさせていただきます。
※Japanese text only

定価はカバーに表示してあります。

ISBN 978-4-04-606090-7 C0095